Bonjour les managers,
adieu les cadres !

Éditions d'Organisation
1, rue Thénard
75240 Paris Cedex 05
www.editions-organisation.com

Christophe FALCOZ

Bonjour les managers, adieu les cadres !

**Éditions
d'Organisation**

à mes parents

à Jean-Pierre

Remerciements

Cet ouvrage n'aurait jamais pu voir le jour sans tous les cadres qui ont bien voulu me consacrer du temps lors d'une cinquantaine d'entretiens commencés en 1998, ou qui ont accepté de rencontrer mes étudiants de maîtrise IUP IMPMS de l'Université Lyon 1 dans le cadre du cours sur « la gestion des cadres ». Leurs expériences et leurs réflexions, relatées tout au long de ce texte, ont nourri mon travail de conseil, d'enseignant – formateur et de chercheur. Aussi cet ouvrage leur est-il tout spécialement adressé.

Je souhaiterais témoigner également toute ma reconnaissance aux Professeurs Yves-Frédéric Livian et Jean-François Chanlat (IAE de Lyon et Université Dauphine), amis dont le soutien et l'aide précieuse vont bien au-delà des quelques pages qu'ils ont accepté d'écrire ici. Cet ouvrage doit aussi beaucoup aux travaux collectifs réalisés sous la direction de Paul Bouffartigue (LEST), depuis 1999, au sein du Groupement De Recherche CNRS CADRES. Grâce à eux, j'ai pu mieux appréhender les analyses de Jacqueline Laufer (groupe HEC) ainsi que les engagements syndicaux de Jean-Paul Bouchet (CFDT Cadres). Je les remercie vivement l'un et l'autre pour leur aimable participation. Je tiens aussi à témoigner toute ma gratitude à Pierre Romelaer et à Frédéric Wacheux, tous deux professeurs en sciences de gestion à l'Université Paris 9-Dauphine, qui m'ont accueilli chaleureusement au sein du CREPA, me donnant ainsi accès à des moyens indispensables à la réalisation de cet essai. Enfin, je suis redevable à tous ceux, dirigeants et cadres, avec qui j'ai souvent eu de très constructifs échanges tant lors de mes missions de conseil que lors de séminaires de formation professionnelle continue. Au risque de ne pas être exhaustif, je tiens également à remercier tout particulièrement : Christophe Baret, Jean-Christophe Belland, Loïc Cadin, Jérôme Glodas, Maryse Huet, Anne Kravz-Tarnavsky, Hervé Laroche et Stéphanie Rozan-Pougnet.

Sommaire

PREMIÈRE PARTIE

Les cadres dans la crise = un statut en crise ?

CHAPITRE 1

CHAPITRE 2

TROISIÈME PARTIE

Les managers, nouvelle figure de proue des cadres

CHAPITRE 7

Les « nouveaux cadres » sont arrivés 123

CHAPITRE 8

Hauts potentiels : le nouveau « top management » 139

CHAPITRE 9

Carrière et réussite professionnelle :
oui, mais à quel prix ? 155

XI

Introduction

Après avoir trôné pendant quarante ans au sommet de la hiérarchie salariée des entreprises, les cadres doutent et leur statut se vide de son contenu. Toutes les institutions sur lesquelles ils s'appuyaient traditionnellement semblent se dérober : l'entreprise, les syndicats, l'enseignement supérieur... ne leur fournissent plus les mêmes repères qu'auparavant. Plus encore, c'est l'identité même des personnels d'encadrement qui chancèle sous les coups de boutoir des mutations socio-économiques de la société française. Tombés de leur piédestal, les cadres ne seraient plus à l'abri de changements profonds qui ont débuté à la fin des années 60, en ne touchant pendant longtemps que les seuls ouvriers et employés.

Pourtant, il ne s'agit pas de faire ici une énième démonstration du fameux malaise des cadres. Ce thème, qui resurgit cycliquement dans les médias, est toujours abordé selon le schéma simpliste d'un groupe social confronté dans son ensemble à un présent incertain, à un avenir angoissant, alors que son passé est systématiquement idéalisé. On le sait, rien n'est plus faux.

En effet, l'identité des cadres a déjà été traversée par de nombreux passages à vide. Ainsi, les ingénieurs – qui préfigurent ce que seront les cadres après la Deuxième Guerre Mondiale – connaissent une première remise en cause de leur statut pendant la crise de 1929, qui s'installe tardivement mais durablement en France. Au chômage de plus de 10 % des ingénieurs – salariés pourtant « rares » et placés aux principaux postes de « commandement », s'ajoute l'arrivée d'un gouvernement de gauche en 1936. Le Front

1

Populaire ne pouvait être perçu que comme un pouvoir menaçant pour cette frange du salariat conservatrice et très proche du patronat. A la relecture des journaux et des discours de l'époque, c'est déjà à un véritable cataclysme que les ingénieurs et cadres semblent avoir été confrontés ! Une péripétie pas si lointaine, et qui a le mérite de nous rappeler que « les cadres » ne sont pas arrivés dans la société française sans heurts ni dommages, connaissant dès leur avènement des problèmes d'identité non négligeables. Il serait tout aussi erroné de croire que les cadres ont ressenti tous de la même façon et avec la même intensité les malaises à répétition qui les ont touchés. Depuis sa création, le groupe des encadrants et autres cols-blancs est profondément hétérogène. Que peut-il y avoir de commun entre un jeune ingénieur diplômé de l'école Polytechnique nommé cadre dès son premier poste, un salarié de 45 ans qui accède au statut tant convoité après 25 ans de « bons et loyaux services », ou encore un visiteur-représentant-placier (VRP) d'une entreprise fabriquant des machines à coudre ? Ils sont certes tous cadres, mais les similitudes s'arrêtent là ; par conséquent, les effets des crises du salariat ont un impact excessivement variable sur chacun d'entre eux.

Un malaise larvé, compagnon de toujours

Le chômage des ingénieurs durant les années 30, l'élargissement toujours plus important des critères d'adhésion au groupe des cadres dans les années 50, puis les mutations des entreprises dans les années 70, sont autant d'événements qui réveillent un « malaise » sournois et latent, compagnon de toujours de ce groupe social. Les cadres n'auraient connu une relative accalmie que durant les « 10 glorieuses » (1955-1965), période qui a vu s'épanouir pour aussitôt être critiquée, la figure de l'ingénieur placée au centre de l'enjeu de production de masse.

Le début des années 90 illustre aussi parfaitement les différentes facettes du malaise des cadres. Entreprise et Progrès, association proche des directions générales, n'avait pas hésité, dès 1992, dans

© Editions d'Organisation

un rapport non publié mais bien connu, à titrer : « *Cadre/non-cadre : une frontière dépassée* ». En 1993, c'est au tour d'un grand journal de la presse économique de s'exclamer : « *Cadres : les statuts meurent aussi* » et de se faire l'écho d'un mal-être diffus mais bien réel dans cette population[1]. Le concept d'employabilité[2] qui se médiatise en 1996 renforce ce discours sur la fin de la carrière des cadres. Le consultant et enseignant Michel Villette, dans son ouvrage intitulé « Le manager jetable » a pour l'un de ses chapitres une formule sans détour : « *Ascension et déclin des cadres français* ». Et pour finir cette liste non exhaustive de manifestations d'une crise de confiance et de représentation chez les cadres, un ex-dirigeant de PME, consultant et formateur, conclut ainsi son livre paru en 1996 : « *Ce constat n'est pas optimiste [...] ils* (les cadres) *ne comprennent pas pourquoi l'avenir qui semblait leur sourire s'est soudain obscurci et continue de se charger de nuages noirs et menaçants* »[3].

La fin des emplois préservés

Mais la dernière décennie du siècle passé n'annonçait-elle pas déjà un phénomène encore plus fort que ce « malaise » indéfini et larvé ? En effet, il faut désormais parler d'une véritable mue des cadres, de leur statut et de leur métier. Ils sont collectivement voués à se transformer ou à disparaître purement et simplement. Changement radical qu'il faudra cerner pour mieux comprendre les deux évolutions qui se dessinent : d'une part, la banalisation du plus grand nombre – cadres toujours, mais ressemblant de plus en

---

1. Cf. *Enjeux Les Echos*, février 1993.
2. Pour une revue éclairée sur cette notion cf. Dany F., « Employabilité et gestion des compétences : quelques réflexions liées à l'intégration du concept d'employabilité dans les pratiques managériales », *in* Bournois F. *et al*, *Les enjeux de l'emploi : société, entreprises et individus*, Lyon, Centre Jacques Cartier, PRARSH, C.N.R.S., 1996.
3. Spielmann M., *Quel avenir pour les cadres ? L'encadrement dans l'entreprise de demain*, Paris, L'Harmattan, 1996, 166 pages.

plus aux autres salariés – et d'autre part, la métamorphose d'une minorité en « nouveaux cadres ».

Pour saisir le caractère incontournable de ces transformations, un panorama des crises que traverse la société française permettra de mettre en relief les pressions qui s'exercent sur les cadres. Mais point de manichéisme : même si elles revêtent une forme et une intensité particulières pour eux, ces crises concernent aussi d'autres types de salariés. Ainsi les identités professionnelles sont aujourd'hui largement bouleversées, tant chez les cadres que chez les ouvriers ; le syndicalisme catégoriel des cadres est malade d'abord parce que la représentation collective en général est en profonde mutation ; en 1991, le chômage finit par toucher les cols blancs après des années 80 dramatiques pour les autres salariés ; enfin, les femmes arrivent massivement aux postes d'encadrement, mais cette féminisation du travail est d'abord un phénomène global qui touche toutes les catégories socioprofessionnelles.

Les entreprises, en tant que cause de transformation du statut, ne seront pas oubliées, bien au contraire. En se restructurant et en recherchant de nouvelles formes d'organisation du travail (gestion par projet, par exemple) elles ont largement contribué à déconstruire les repères professionnels de leur encadrement. Dès le milieu des années 80, en s'internationalisant, elles ont mis face-à-face le fameux statut « à la française » et les figures anglo-saxonnes des managers/experts/dirigeants. En mettant fin au relatif « emploi à vie » des cadres, elles ont aussi tiré les leçons de l'incertitude croissante qui pèse sur leurs marchés. Le glas de la carrière au sein d'une seule entreprise et d'une seule fonction a sonné et le cadre doit devenir, un peu plus que par le passé, acteur de son propre avenir professionnel.

Cadres « banalisés » contre champions de l'adaptabilité

Face à ces crises, chaque cadre a mis en place des stratégies et des comportements divers qui dépendent de ses origines sociales, de son parcours personnel, tant familial que professionnel, de son genre (homme/femme), de son diplôme, de son métier... Les réponses, même provisoires et imparfaites, apportées par chacun ont conduit à inventer de nouveaux repères, à modifier le contenu des métiers d'encadrement et à repenser les identités profession-nelles. Deux sorties possibles se dessinent. D'une part, il y aurait les cadres « banalisés » : ce sont ceux qui sont soumis aux 35 heures, salariés flexibles, embauchés sous contrats précaires (inté-rim, CDD), ayant perdu une part d'autonomie en raison notam-ment des nouvelles technologies et de leur cortège de moyens de contrôle... Rarement en position d'encadrants, ils sont en butte aux inégalités construites par les systèmes de gestion des ressour-ces humaines (GRH). Les entreprises pratiquant en effet de plus en plus une segmentation de leurs salariés, elles déconstruisent et reconstruisent de façon autonome les hiérarchies de pouvoir au sein de la population des cadres, tout en donnant plus à un petit nombre et en promettant moins à la majorité. Recrutement, rémunération, formation et carrière deviennent largement pluriels : les différences entre les cadres augmentent jusqu'à faire éclater les frontières traditionnelles du groupe social. Si, d'un côté, certains sont choyés, fidélisés, courtisés, de l'autre, les anonymes ne font l'objet que d'une gestion de flux de type « entrée-sortie ».

Mais alors, quels sont ceux qui tirent leur épingle du jeu et conti-nuent à bénéficier en partie des avantages liés à l'ancien statut ? L'exemple des managers permet d'apporter une réponse. Ces « nouveaux cadres » bénéficient toujours d'un certain nombre de promesses de carrière. Ce sont des « leaders » champions de l'adaptabilité, de véritables encadrants qui ont su s'éloigner de la stricte expertise technique. Emblématiques de ces managers d'un nouveau genre : les « Hommes-Clés », et plus particulièrement les cadres à haut potentiel. Détectés pour leur capacité à manager, à évoluer et à diriger, ces derniers constituent l'éphémère vivier qui fournira les dirigeants de demain.

Il ne faut pourtant pas s'y tromper : ces garanties et ces promesses ne sont réservées qu'à un petit nombre, parmi les managers les plus efficaces et les plus prometteurs. Pour autant, la douloureuse question du prix à payer pour une carrière réussie ne devra pas être passée sous silence. Envahissement des espaces privés, problèmes de santé et stress, ont parfois du mal à compenser les plaisirs de la réalisation de soi au travail et le sentiment de liberté donné par une autonomie à double tranchant.

S'il reste aujourd'hui des managers qui ressemblent aux cadres que la France a connus il y a une vingtaine d'années, ceux-ci sont peu nombreux. Surtout, derrière d'apparentes similitudes le plus souvent trompeuses, ces « nouveaux cadres » tentent de s'épanouir dans une relation d'emploi beaucoup plus instable que par le passé; ils établissent un rapport à l'entreprise plus distancié et enfin, ils voient leurs missions, rôles et métiers se transformer radicalement...

PREMIÈRE PARTIE

Les cadres dans la crise
un statut en crise ?

PARTIR À LA RECHERCHE DE L'IDENTITÉ DES CADRES en ce début de 21e siècle relève d'une aventure incertaine. Statut, métier et parcours apparaissent plus que jamais multiples et bigarrés. Outre le fait que cette population a toujours été hétérogène, elle est, depuis un peu plus de dix ans, confrontée à une série de crises et de mutations de la société qui ne font qu'en accentuer l'éclatement. Si, pendant longtemps, les cadres ont pu surnager au-dessus des remous de la globalisation, des restructurations sectorielles, du chômage... il paraît évident aujourd'hui qu'ils ne peuvent plus s'y soustraire. La crise identitaire qui les touche est bien le contrecoup des bouleversements provoqués par les transformations, tant des entreprises que des institutions comme l'école ou la famille. Mais les ondes de chocs provoquées par ces changements radicaux ont depuis toujours un retentissement singulier dans le monde des cadres. Par exemple, le chômage, même faible, est une source de craintes et de peur de déclassement bien plus forte que chez les autres salariés.

Mais peut-on encore parler de cadre ? Le statut a-t-il encore une existence à leurs yeux et à ceux du reste de la société salariale ? Les cadres possèdent-ils encore des repères et des points d'appui susceptibles de les aider à se constituer une identité propre ? Enfin, les raz-de-marée successifs survenus avec l'augmentation générale du niveau scolaire, la tertiairisation, la crise du syndicalisme, le chômage et la féminisation des emplois, n'ont-ils pas envoyé par le fond les cadres et tout ce qui les distinguait traditionnellement des autres salariés au sein de la société française ?

CHAPITRE 1

A la recherche d'une identité perdue

L es cadres, tels que l'on s'est plu à les représenter jusqu'à la fin des années 80, appartiennent aujourd'hui à un monde définitivement perdu. Après une série de malaises plus ou moins avérés, c'est à un véritable cataclysme qu'ils se sont trouvés confrontés, dont ils ne sortiront que très largement transformés. Mais cette mutation n'a pas encore produit de nouvelles identités et points de repères stables, tant pour eux-mêmes que pour les observateurs les plus avertis. D'ailleurs, les cadres ne sont pas les seuls à affronter la tempête et à connaître une crise de leur identité professionnelle[1]. Le monde ouvrier, par exemple, est sorti de sa période de mue commencée à la fin des années 60 avec la disparition pure et simple ou la profonde transformation des emplois dits « de production » ! Durant ces 25 dernières années, leur nombre a été divisé par deux et ils ne sont plus la première catégorie socio-professionnelle en France, celle des employés ayant largement pris la tête.

Lucien Mallet, dans son article prémonitoire et inspiré de 1993, prévoyait la déconstruction du statut de cadre, qui allait devenir, selon ses mots, une sorte de « *coquille vide* »[2]. Diagnostic qui peut

---

1. Les identités professionnelles peuvent se définir comme « des manières socialement reconnues, pour les individus, de s'identifier les uns les autres, dans le champ du travail et de l'emploi », d'après Claude Dubar, *La socialisation*, Armand Colin, 1998.
2. Mallet L., « L'évolution des politiques de promotion interne des cadres », *Revue Française de Gestion*, n° 94, 1993.

© Editions d'Organisation

11

emporter l'adhésion. Pour ma part, c'est par la présentation d'un trop-plein que débutera mon analyse… Car enfin, le groupe des cadres n'est-il pas semblable à la grenouille de la fable qui éclata à trop vouloir ressembler à un bœuf ?

A la différence de celui des ouvriers, le nombre des cadres est en effet en constante augmentation. S'il est difficile de dire combien ils sont précisément, toutes les sources statistiques convergent pour montrer que l'on assiste à une massification de cette catégorie. Connaissant la plus forte croissance, les « cadres et professions intellectuelles supérieures » représentent environ 3 millions de salariés et fonctionnaires (de catégorie A). Cette montée en puissance continue s'accompagne d'une relative banalisation du statut. Dans certaines entreprises, les cadres peuvent représenter jusqu'à plus de 75 % des effectifs, ce qui contribue à dévaluer un peu plus leur titre au sein d'un même milieu professionnel. Moins rares, les cadres n'en ont que moins de valeur…Voilà bien l'effet produit par l'attribution de plus en plus systématique du titre aux diplômés de l'enseignement supérieur.

Un diplôme de l'enseignement supérieur, si possible réputé

La tertiairisation de l'économie n'est évidemment pas étrangère à ce phénomène. Grande consommatrice de salariés hautement qualifiés, une large partie de la nébuleuse du secteur tertiaire comme le conseil, l'informatique, la formation… attribue le statut de cadre à l'ensemble des personnels en contact avec les clients. Ainsi, quand les producteurs de l'industrie taylorienne étaient souvent des ouvriers, les cadres fleurissent dans les cabinets de consultants, les SSII (sociétés de services en ingénierie informatique), l'enseignement et la formation…

Autre élément pour expliquer cette tendance : l'augmentation générale du niveau scolaire. Depuis qu'existent les ingénieurs, l'attribution des fonctions d'encadrement a toujours été liée au

© Editions d'Organisation

diplôme. Certes, on a vu des cadres autodidactes par le passé, mais il n'en reste pas moins que la figure dominante a été pendant près de cinquante ans celle du diplômé, si possible d'une grande école. Les entreprises n'ont pas échappé à cette logique élitiste, à cette dictature du diplôme. Elles ont donc donné le titre de cadre à une cohorte de plus en plus importante de jeunes arrivant sur le marché du travail avec un « Bac +» en poche.

Or, plus la détention d'un diplôme de l'enseignement supérieur devient courante, plus elle devient indispensable. Pour un autodidacte, les chances d'accéder au statut de cadre sont donc réduites d'autant. Certes, il subsistera encore quelques exceptions à cette tendance. Ainsi dans certaines branches industrielles, les promotions internes appuyées par un dispositif lourd de formation professionnelle continue et diplômante existeront toujours. Mais le départ à la retraite des baby boomers, moins diplômés que leurs cadets, devrait mécaniquement réduire le nombre d'autodidactes. La part des cadres possédant au moins une licence n'est-elle pas passée de 51 % en 1985 à 58 % en 1998 !

Pourtant les diplômes garantissent moins que par le passé l'accès au titre de cadre. Le paradoxe n'est qu'apparent avec ce qui précède, car les titres scolaires se dévalorisent également. Aussi une folie classificatoire s'est-elle emparée de la société française. Parmi tous ces DESS, ces IUP, ces nouvelles écoles de commerce ou d'ingénieurs... où sont les bons candidats à l'embauche ? Un tel système peut paraître injuste, mais il faut le reconnaître, le diplôme constitue un signal simple et accessible pour les entreprises qui doivent trier des candidats ayant peu ou pas d'expérience.

Plus diplômés, mais à la recherche de titres scolaires qui seront l'indispensable sésame pour accéder au statut envié, les salariés constatent cependant qu'ils sont nombreux à l'obtenir de façon plus ou moins « automatique ». Ainsi, entre la sortie de l'enseignement supérieur et l'entrée dans un emploi de cadre, il peut s'écouler une période de précarité d'une longueur variable. Certains découvrent même qu'avec un BTS, un DUT, voire une licence, une maîtrise ou un DESS peu coté, leur chance d'être promus au statut convoité s'éloigne dangereusement avec les premières années d'expérience professionnelle.

Enfin, parachevant ce tableau, il faut rappeler une vérité trop souvent occultée : environ la moitié des cadres français n'encadre pas. Une autre incohérence du statut apparaît alors. Dans la pratique, ce statut recouvre en effet deux figures très différentes : celle de l'encadrant et celle du cadre-producteur. En outre, au sein de la population des encadrants, une large partie d'entre elle a moins de cinq personnes sous sa responsabilité. Ceci a entraîné la fabrication d'un vocable complexe : assimilé cadre, cadre de première ligne, cadre intermédiaire, manager, cadre supérieur, cadre dirigeant…

Une réalité aux mille visages…

Femme cadre de 36 ans, une responsable pédagogique au sein d'un organisme privé de formation, fait part de son expérience :

« La notion de cadre est très différente selon la structure où l'on se trouve. Il y en a où cette notion est très proche du management et de l'encadrement d'équipe. Elle correspond alors à un niveau de responsabilité par rapport à la capacité d'animer une équipe. Dans d'autres entreprises, je dirais que le statut de cadre correspond à une espèce de statut promotionnel, pour récompenser quelqu'un. Cela peut paraître un peu désuet dans ce cas-là. Ce n'est pas vraiment lié à un niveau de rémunération mais plus à une sorte de valorisation, de reconnaissance… Aujourd'hui on distingue cadre fonctionnel et cadre opérationnel ; il y a énormément de cadres qui n'encadrent personne. On donne donc le statut pour valoriser, fidéliser le salarié qui va se sentir mieux considéré. Mais cela n'implique pas un salaire automatiquement plus élevé que certains non-cadres, ni une réflexion sur l'évolution de la personne…»

Le statut dissimule finalement mal de vastes opérations de différenciation par le diplôme (autodidacte ou non, petite ou grande école), par le mode d'accès (immédiatement après la sortie du système scolaire ou au cours de la carrière) et enfin, par le niveau hiérarchique et de commandement (intermédiaire/supérieur, encadrant/non-encadrant). Des pratiques qui ont toujours eu cours, mais avec le temps, les différences se sont encore renforcées tout en devenant moins lisibles parce que fondées sur des éléments brouillés. « Le fait d'être cadre représente-t-il une situation si confortable ? Mon diplôme sera-t-il aux yeux des employeurs susceptible de me donner le statut ? Le contenu de celui-ci sera-t-il stable ? Si je n'encadre pas, ma position de cadre vaudra-t-elle, symboliquement et socialement, autant que celle d'un vrai encadrant... ? », constituent les principales interrogations des cadres aujourd'hui. Malgré tout, si le statut se fonde sur des repères de moins en moins lisibles et positifs, il continue à survivre au sein des institutions françaises. Sur quelles bases objectives repose-t-il alors ?

Six piliers menacés d'écroulement

La forteresse imprenable que semblait former ce fameux statut il y a encore une douzaine d'années est en train de se lézarder sous les coups des mutations profondes de la société. Six éléments en représentent les principaux soubassements qui se craquellent un peu plus chaque jour et sont menacés d'effondrement. Chacun de ces « piliers » représente une organisation catégorielle, c'est-à-dire un système structuré et socialement reconnu réservé aux seuls cadres, et auquel sont souvent rattachés des avantages distinctifs plus ou moins palpables.

Ces six « piliers » sont bien connus des cadres : l'APEC pour la recherche d'emploi, l'AGIRC pour les retraites complémentaires, le collège cadre pour les élections du Comité d'Entreprise, la section cadre au sein des conseils des Prud'hommes, le syndicat catégoriel des cadres nommés Confédération française de l'encadrement – Confédération générale des cadres (CFE–CGC), et enfin, les avenants-cadres des conventions collectives et des accords d'entreprise issus de la négociation paritaire instituée à tous les niveaux (branche par exemple). Si l'on évoque régulièrement dans la presse ou dans certaines sphères décisionnelles le projet de fusion du régime de retraite complémentaire des cadres avec le régime salarié, ce pilier du statut de cadre n'est pas le seul à se lézarder. Le syndicalisme catégoriel est lui aussi en danger.

L'édifice que constitue toute catégorie socioprofessionnelle (ouvrier, employé, cadre...) s'arc-boute toujours sur une organisation à même de défendre des intérêts, porter des revendications et négocier avec les représentants de l'Etat et du patronat. Curieusement, les cadres n'ont pas échappé à la règle, alors même, que dans leur cas, le syndicalisme cadre n'a pas vraiment relevé d'une réelle utilité sociale pour le groupe, excepté lors de sa création durant l'entre deux guerres et dans la fonction publique au sens large. Mais depuis quelques années, les cols blancs ont en partie rejoint les revendications des autres salariés tout en exprimant des doutes et des attentes spécifiques. Cet OVNI qu'a représenté le syndicalisme cadre entre les années 50 et 80, surtout pour les cadres du privé, semble donc devoir retrouver une justification au vu de l'évolution des liens entre l'encadrement et les employeurs. On peut toutefois se demander si un syndicat formé uniquement de cadres a encore un sens aujourd'hui et si le syndicalisme est en mesure de relever le défi des nouvelles exigences de ceux-ci ?

Reste que le syndicalisme cadre n'est pas le seul à être en grand danger. C'est tout le syndicalisme français qui est malade. Les indicateurs de la feuille de santé de cette institution essentielle du monde du travail ont, en effet, tous viré au rouge. Nous sommes en queue de classement des pays occidentaux pour le taux de syndicalisation ; trois des cinq centrales syndicales ne survivent que grâce à leurs rentes protégées par le système de représentativité de droit ; certains syndicats peinent à trouver leurs marques dans un monde où les références du prolétariat ouvrier, de l'usine, du plein emploi et du patronat de droit divin ont disparu.

Ce constat, moins noirci qu'il y paraît, s'applique largement à la CFE-CGC. Ce syndicat, qui fait partie du « club des 5 », semble avoir perdu une grande partie de sa crédibilité auprès de ses adhérents potentiels et naturels. Non seulement les autres syndicats, historiquement ouvriers, ont créé une section encadrement, mais surtout, ils tendent à ravir à la CFE-CGC la majorité des voix lors des élections professionnelles. Pour la section cadre des conseils des Prud'hommes, l'UCC-CFDT arrive en tête en 1997 et l'UGICT-CGT n'est pas loin derrière la CFE-CGC.

Le syndicalisme ne fait pas recette

Il s'agit donc bien d'un véritable brouillage du mode de représentation collective des cadres. Ces derniers semblent à la recherche de porte-paroles qui dépassent les clivages cadres / non-cadres. Au-delà de cette question, il faut bien noter leur manque d'implication, puisque deux tiers s'abstiennent lors des élections de leurs représentants aux conseils prud'homaux. En outre, une large part des adhérents de certaines sections cadres des principaux syndicats sont des fonctionnaires de niveau « A », c'est-à-dire des agents de la fonction publique. Ces derniers n'ont évidemment pas le même rapport qu'un salarié du secteur privé avec le risque de perte d'emploi ni le même type de relations avec les dirigeants, les clients et les actionnaires.

Sur les quelques 120 cadres rencontrés au cours d'entretiens, le nombre de syndiqués se compte sur les doigts d'une main ! Les raisons d'une telle désaffection sont nombreuses : « *J'ai toujours eu de bonnes relations avec ma direction, donc pourquoi me syndiquer ?* », « *J'aurais bien voulu à un moment participer au CE mais je ne voulais pas me syndiquer. Un cadre ça ne se syndique pas !* », « *Je pense que quand on est cadre syndicaliste, on est un peu moins syndicaliste que quand on n'est pas cadre* », « *La CGC n'a pas su renouveler son image, elle ne colle plus à la mentalité des jeunes cadres dynamiques»*, *« J'ai été syndiqué pendant douze ans, jusqu'en 1990, à la CFDT parce que je pense qu'un syndicat ne doit pas être lié à une catégorie de personnel en particulier, mais aujourd'hui je ne crois pas qu'ils puissent faire grand chose. »*

Ceci veut-il dire que les cadres sont individualistes et/ou proches de leur direction, au point de les éloigner définitivement de tout esprit syndical ? Répondre par l'affirmative à une telle question reviendrait à défendre une position partiellement vraie. De nombreuses enquêtes montrent que des encadrants sont porteurs d'idées et de revendications qu'ils souhaitent voir défendues par un syndicat. La critique du libéralisme n'a jamais été une attitude minoritaire chez les cadres qui peuvent trouver aujourd'hui un écho à leurs préoccupations dans des mouvements anti-mondialisation ou certaines propositions syndicales en vue d'une autre voie pour le développement durable ou équitable. Les questions des 35 heures et de la lutte contre le chômage ont pu réveiller chez certains d'entre eux une volonté d'être entendus sur leurs problèmes de surcharge de travail lorsque, bien sûr, le syndicat relayant les revendications avait une position claire. Ce qui n'a pas toujours été le cas !

Des cadres passent à l'action collective

Les sous-populations de cadres qui ont le plus augmenté ces quinze dernières années sont celles des cadres-producteurs (informaticiens, cadres techniques des études-recherches et essais, technico-commerciaux, cadres de fonctions supports...). Ayant rarement des rôles d'encadrement, ils sont peu sensibles à la logique des cadres qui sont proches de la direction générale et en relayent la stratégie. Ces « cadres qui n'encadrent pas » constituent à coup sûr un salariat plus susceptible de se syndiquer – que ce soit dans une logique de revendication ou de négociation contractuelle avec le patronat – que les autres cadres encadrants.

Du côté des PME-PMI, le taux de syndicalisation est encore plus faible, souvent parce que la représentation syndicale est difficile à organiser au sein des petites entités économiques. Au contraire,

© Editions d'Organisation

dans les grandes entreprises, le besoin d'information sur les stratégies de la direction générale se fait de plus en plus sentir. Le syndicat
apparaît souvent comme le seul interlocuteur à même de pouvoir les
renseigner, du fait de sa présence au sein des Comités centraux
d'établissement. Ces CCE peuvent d'ailleurs être européens, les
cadres en profitant alors pour demander aux syndicats la capacité
d'intervenir à un niveau supra-national[1]. La création de la Confédération européenne des cadres est une première réponse à ces enjeux.

Enfin, face à la représentation collective et aux conflits sociaux, les
comportements des cadres ont tendance à se confondre avec ceux
des autres salariés. Depuis peu, des conflits sont initiés et menés
par les seuls ingénieurs, cadres et techniciens supérieurs de grandes entreprises. En 1997, *Le Monde* titre l'un de ses articles :
« *Exaspérés, les cadres passent à l'action - Désormais ils font grève, quitte
à séquestrer leurs directions* ». Et de rappeler les conflits au Crédit
Foncier ou chez Neyrpic auxquels les cadres ont pris une part
active[2]. Elf, BNP, Ipsos, Alcatel CIT, Ubi Soft, Pechiney ont
également connu en 1999 des mouvements de grève et de protes-
tations emmenés par des personnels encadrants : ingénieurs en
informatique refusant de se faire externaliser, cadres supérieurs
s'opposant à un projet de fusion-acquisition… L'année suivante,
ce sont les grandes entreprises de l'informatique et de
l'aéronautique toulousaines qui sont touchées par un mouvement
de grève des ingénieurs et techniciens supérieurs sans précédent.
Le ras-le-bol des cadres vis-à-vis du temps de travail s'est transformé en contestation ouverte et une semaine de débrayage s'en est
suivie[3]. Mais, si une courte majorité de cadres est prête à participer
à un mouvement de grève, seuls 34 % souhaitent se syndiquer, ce

---

1. 516 entreprises d'au moins 1000 salariés ont un CEE (Comité d'entreprise
européen) en 1999, dont 54 ont leur siège en France.
2. *Le Monde* du 26 février 1997.
3. « Pourquoi les cadres toulousains se rebiffent », *Liaisons Sociales*, magazine
de septembre 2000 ; entreprises ayant connu un mouvement de grève de leurs
cadres : Matra Marconi Space, CNES, Alcatel Space Industries, Liebherr,
Syseca, Sema Group, Steria, Cap Gemini, CSSI…

chiffre étant encore plus faible chez les cadres de moins de 35 ans, du privé et des PME-PMI[1].

Dans la fonction publique et les entreprises nationalisées, les cadres et fonctionnaires de niveau A n'hésitent pas à faire appel aux syndicats pour les aider à gérer leur carrière. Surtout, nombreux sont ceux qui se syndiquent au moment où ils ressentent une menace sur leur emploi. Ils demandent alors à leurs représentants, comme le ferait n'importe quelle autre catégorie de salariés, de jouer un rôle d'assistance juridique et de porte-parole auprès des instances paritaires.

Pour illustrer le chemin parcouru par certaines sections cadres depuis quelques années, les propos d'un syndicaliste sont rapportés à la fin de ce chapitre. La refondation des principes d'action est en marche dans plusieurs syndicats conscients qu'un grand nombre de cadres est maintenant devenu une vraie cible pour eux. Reste à savoir si les jeunes, les femmes, les cadres de PME et plus généralement du privé, vont intégrer la nécessité de l'action collective comme moyen évident pour rétablir un équilibre dans leurs relations avec des employeurs plus que jamais préoccupés par les seuls actionnaires. Cette voie n'est pas négligeable pour les cadres, mais en sont-ils convaincus, en ont-ils les moyens... rien n'est moins sûr.

Le chômage a frappé !
Rien ne sera plus comme avant...

Une des raisons pour lesquelles un cadre se syndique aujourd'hui est le risque de licenciement et avec lui, le fait que les syndicats sont réputés efficaces en matière de soutien à l'emploi face à une direction. Car le chômage, même s'il est plus faible pour cette catégorie socioprofessionnelle que pour d'autres, n'en est pas

1. *Liaisons Sociales*, magazine de septembre 1999.

moins vécu comme une expérience douloureuse qui remet en cause les fondements mêmes de son statut.

L'année 1991 sonna le glas pour les relations d'emploi apparemment idylliques entre les cadres et leurs employeurs. En effet, après l'euphorie de la fin des années 80, le chômage dans cette population s'éleva dangereusement pour atteindre son apogée en 1994 avec un taux de 7,3 % (pour la catégorie socioprofessionnelle des seuls « cadres d'entreprise»). Ils étaient ainsi rattrapés par une crise qui avait déjà lourdement touché l'ensemble des ouvriers et employés dès la fin des années 1970. En s'accroissant, les cohortes de cadres des grandes entreprises étaient devenues un enjeu de maîtrise de la masse salariale ! Leur massification fut à la fois synonyme de charge salariale importante et variable, et de levier possible d'économies à court terme que certaines entreprises n'hésitèrent pas à actionner lors de plans de licenciement. Du même coup, les cadres exposés aux risques du chômage ne se sont jamais sentis aussi éloignés de leurs directions générales. Alors qu'historiquement ils étaient le bras armé des dirigeants, ils sont désormais 63% à se sentir plus proches des autres salariés que de leur direction générale[1].

Comme le souligne Sophie Pochic dans son étude sur le chômage des cadres, ce n'était pourtant pas la première fois que se produisait un tel phénomène[2]. L'entre-deux-guerres, le début des années 50 et la fin des années 60 / début des années 70[3], ont été des périodes marquées par une crise de l'emploi. En 1954, treize ans avant la création de l'ANPE, la CGC fonde d'ailleurs l'ancêtre de l'APEC. Durant ces décennies, le chômage des cadres autodidactes

---

1. D'après l'enquête menée par CSA TMO début 2001 auprès de 396 cadres.
2. Voir par exemple, « Chômage des cadres : quelles déstabilisations ?», dans Bouffartigue (dir.), 2001, *Cadres : la grande rupture*, Paris, La Découverte, coll. Recherches, 348 pages.
3. Voir l'article de la revue *Entreprise* d'août 1973 intitulé ; « Le cadre en chômage : rejeté ou en réserve de l'économie ?» qui appelle à la démystification de la situation du cadre sans emploi et insiste sur leur indispensable mobilité.

et/ou des plus de 50 ans a fait couler beaucoup d'encre. Aujourd'hui, le jeunisme des politiques de GRH des entreprises s'est renforcé ; de plus, si le diplôme protège toujours, il est moins efficace qu'auparavant contre les risques de chômage prolongé. Enfin, bien qu'ayant existé de tout temps, les inégalités se sont durcies, le chômage de longue durée des plus de 45 ans entraînant des déclassements importants, voire des mécanismes d'exclusion.

Depuis 1994, véritable *Annus Horribilis* pour l'emploi des cadres, le chômage des professions intellectuelles et supérieures a baissé, mais rien ne semble plus comme avant. Comme l'a très bien décrit le sociologue Paul Bouffartigue dans un ouvrage au titre sans équivoque[1], le « *salariat de confiance* » dans lequel s'inscrivaient les cadres est largement battu en brèche, les conduisant à repenser leurs relations avec l'employeur. Contre leur loyauté, leur disponibilité et leur adhésion aux valeurs et stratégies de leur entreprise, les cadres obtenaient une garantie de stabilité d'emploi. Souvent jugée équilibrée jusque-là, cette relation a volé en éclats avec les premiers grands plans de licenciement des cadres de 1990, souvent mis en œuvre dans des filiales d'entreprises étrangères lourdement implantées en France.

Identité bousculée et peur du déclassement

La confiance en l'entreprise s'étiole alors un peu plus et certains cadres vivent au quotidien la peur de la perte d'emploi. Les propos tenus par un responsable d'agence d'intérim sont caractéristiques de l'effet du chômage sur une personne qui ne l'a pourtant jamais vécu elle-même : « *Le chômage, on le vit tous dans des périodes comme celle qui vient de passer, on sait que l'on peut être viré du jour au lendemain… Le statut de cadre n'est plus synonyme d'emploi à vie, il est même plutôt source de fragilisation que d'autre chose !* ». Jusque là, ils avaient été habitués à négocier leurs départs, à obtenir une aide à la recherche d'emploi, par exemple sous forme d'outplacement. Ces dispo-

---

1. P. Bouffartigue, *Les cadres – Fin d'une figure sociale*, Paris, La Dispute, 2001.

sitifs méconnus parce que discrets, voire secrets, perdurent encore, mais les procédures de licenciements individuels et collectifs ainsi que les litiges se multiplient. Ainsi les sections « encadrement» des conseils des prud'hommes connaissent depuis une dizaine d'années une augmentation sans précédent des conflits individuels entre cadres et employeurs. Une telle tendance n'est pas prête de s'inverser, bien au contraire.

La plupart des recours concernent justement les conditions de licenciement. Insuffisance professionnelle ou de résultat, fautes (désobéissance aux ordres, comportements envers les équipes dirigées insatisfaisants, désaccord concernant la stratégie de l'entreprise…) sont invoqués dans le cas de licenciements individuels. Par conséquent, à l'instar de nombreux salariés, les cadres cherchent à défendre leurs intérêts au grand jour, devant les tribunaux et en allant le plus souvent au-delà de l'étape de conciliation préalable au procès. Comme le souligne Yves-Frédéric Livian, professeur d'université spécialiste de ces questions[1], la fidélité et la confiance ont, en partie seulement, laissé la place à des critères d'évaluation comme l'obtention des résultats attendus par l'entreprise. Mais la dimension comportementale s'est ajoutée à l'ancien socle de la relation cadre/entreprise. Capacités à coopérer, à créer un climat favorable et à développer un style de management performant, relèvent d'exigences qui s'adressent quasi exclusivement aux cadres.

Au-delà du point de vue juridique, le chômage est encore plus révélateur des tensions très vives qui agitent les cadres, coincés entre leur volonté de retravailler et le risque de déchéance en cas de perte du statut. Pour ne pas connaître un déclassement, certains refusent des postes qui ne s'accompagnent pas du « titre de noblesse » qu'ils possédaient auparavant. Le statut peut alors devenir un piège, un miroir aux alouettes. D'autres créent leur propre activité pour mieux contourner ce risque… « *Pour un cadre,*

© Éditions d'Organisation

---

1. Lire par exemple : Y-F. Livian, « La relation d'emploi des cadres, une relation ordinaire ?», *in* P. Bouffartigue (dir.), *op. cit.*

la réinsertion professionnelle est compliquée », explique une femme cadre de 46 ans, responsable des ressources humaines dans une moyenne industrie : *« On veut retrouver l'emploi qu'on a perdu, avec le statut, on n'est pas prêt à accepter n'importe quel retour à l'emploi. »* Car avant tout le chômage a rendu le titre de cadre réversible, introduisant l'idée de précarité au sein d'une relation qui se voulait sûre et de long terme.

L'effroyable expérience du chômage

Agé de 41 ans, un cadre du secteur bancaire raconte comment il a vécu son expérience de recherche d'emploi :

« J'ai été confronté au chômage pour des raisons professionnelles et personnelles. Je ne pensais pas que ça pourrait m'arriver. J'ai eu une période de chômage d'environ quatre mois qui m'a fait très peur mais qui m'a permis de me révéler grâce à une association avec laquelle j'ai découvert des méthodes de recherche d'emploi très bénéfiques au niveau personnel. C'était un tournant dans ma carrière et aujourd'hui encore je ne me sens pas du tout protégé par mon statut de cadre... Je suis d'ailleurs devenu président de cette association ; je vois des cadres qui sont au chômage toutes les semaines, ils cherchent à partager du vécu. Mais bon, si on veut trouver, si on y met l'énergie nécessaire, je suis convaincu que l'on trouve, il suffit de chercher tout en étant aidé...»

Si l'expérience du chômage vient bousculer l'identité du salarié, elle remet aussi en cause l'identité du cadre dans ce qu'elle a de plus profond. Comme le précise Sophie Pochic : *« Le chômage permet de révéler que le travail est le pilier central de l'identité masculine. Unique pilier pour les cadres traditionnels, qui avaient une place assez extérieure à la configuration familiale et qui se retrouvent véritablement « déplacés » après la perte d'emploi. Dans ces conditions, la virilité de l'homme est durement atteinte, jusqu'à ce qu'il retrouve un emploi ou que l'âge lui permette de revendiquer le statut socialement légitime de retraité.* »[1]. Le modèle du « cadre dynamique » est clairement fondé sur la virilité et le machisme, la perte d'emploi devenant alors synonyme de déchéance, en particulier chez les hommes cadres les plus âgés.

Dire « je suis cadre » aujourd'hui a encore un sens, mais un sens non exempt de controverses, de doutes et de retournements de carrière. « Je suis cadre, mais je connais comme tout un chacun le risque du chômage, je suis tenté par le syndicalisme parce que je me sens loin des dirigeants que pourtant je représente, je n'encadre pas et ne commande pas de troupes mais je veux être cet homme dynamique qui réussit, un battant qui s'en sort et qui est respecté dans sa famille… ». Difficile identité, que l'arrivée des femmes a encore compliquée !…

Jean-Paul Bouchet, secrétaire général adjoint de la CFDT Cadres : Vers un nouveau syndicalisme cadre

Jean-Paul Bouchet est depuis un an secrétaire général adjoint de la CFDT Cadres. L'appartenance de la CFDT Cadres à une confédération marque la volonté, selon lui, d'affirmer que les cadres sont des « *salariés à part entière* », justifiant l'appartenance à une organisation multicatégorielle, contrairement à la CFE-CGC, mais suffisamment spécifiques pour qu'ils fassent l'objet d'une prise en charge et d'une organisation particulière.

Sur les 831 000 adhérents à la CFDT, 70 000 sont des cadres (au sens des conventions collectives du secteur privé et cadres A de la fonction publique hors enseignants). La répartition suivant le genre est la suivante : 66 % d'hommes et 34 % de femmes. 49 % travaillent dans le secteur privé et 51 % dans le secteur public. L'âge moyen se situe autour de la quarantaine.

Les jeunes diplômés ayant environ 5 ans d'expérience professionnelle sont nombreux à faire appel à la CFDT Cadres. Ils sont surtout, plus que d'autres, porteurs de revendications relativement nouvelles qu'ils ressentent avec une acuité

---

1. Lire l'article de S. Pochic, « Comment retrouver sa place ? Chômage et vie familiale de cadres masculins », *Travail, Genre et Sociétés*, n° 3, mars 2000.

renforcée. Le désir d'une plus grande transparence à tous les stades des pratiques de gestion est particulièrement fort. « *Le cas récent du système d'évaluation très opaque et cassant d'IBM est symptomatique du manque d'information des cadres sur les enjeux de la gestion qui s'applique à eux* ». La demande d'une plus grande maîtrise dans la gestion de leurs carrières est aussi bien réelle. « *Souvent ils nous disent : « je souhaite qu'il y ait des choses qui soient un peu construites, que les entretiens annuels soient vraiment l'occasion d'un débat et d'un réel échange sur les perspectives d'évolution professionnelle, un outil privilégié de la contractualisation de la relation entre un cadre et sa hiérarchie… »* ». Enfin, l'aspiration à un meilleur équilibre entre vie privée et vie professionnelle s'exprime plus facilement chez des jeunes cadres déculpabilisés dans leur relation avec l'entreprise et la sacro-sainte loyauté.

Mais « *l'image du syndicalisme chez les jeunes ingénieurs et cadres n'est pas toujours très positive ; les syndicats sont souvent pour eux ceux qui ont déclenché la grève, ceux qui ne savent que contester… Et puis, devenir syndiqué n'est pas évident non plus, ils savent que dans certaines entreprises des carrières ont été brisées parce que l'adhésion à un syndicat était très mal vue, surtout de la part d'un cadre.* »

Une parole alternative

Jean-Paul Bouchet insiste beaucoup sur une revendication montante autour d'un « *droit à la parole, non pas pour se défouler ou casser du sucre sur le dos de l'entreprise, mais simplement pour exprimer une parole différenciée, si besoin alternative, différente, prenant en compte d'autres critères de décision, moins à court terme et autres que financiers* ». C'est en particulier chez les cadres supérieurs et au sein des PME que « *le sentiment d'une réduction de la possibilité de s'exprimer de façon alternative est ressenti… Il n'est pas rare que l'on n'ait pas grand chose à reprocher à un cadre lors de son licenciement, si ce n'est qu'à un moment il a exprimé une divergence par rapport à la stratégie de l'entreprise.* »

D'ailleurs, la CFDT Cadres entreprend des approches spécifiques auprès de ces cadres de PME-PMI pour lesquels « *il existe une demande extrêmement importante de lieux d'échanges, de débats et d'expression de la part de ce type d'encadrement car ils souhaitent plus d'information. Il faudrait avoir une démarche de proximité avec des réseaux denses de correspondants... Ils se sentent un peu seuls face aux employeurs, ils souhaitent obtenir plus de garanties collectives... Ils veulent parler mais ne peuvent pas toujours s'exprimer dans l'entreprise ni le faire à l'extérieur, comme dans leur famille, cherchant souvent à protéger leur environnement. Le syndicat départemental ou régional, une commission régionale cadres est souvent le seul endroit où ils peuvent prendre la parole librement !* »

Les événements qui conditionnent l'adhésion sont le plus souvent un problème concret que le cadre est en train de vivre, à l'occasion d'une fusion, d'une restructuration, d'une dégradation des conditions de travail, un cas de harcèlement, une procédure de licenciement... Les services rendus par le syndicat peuvent être aussi un facteur qui emporte la décision d'adhésion suite à une prise de contact : « *mais on a aussi parfois des demandes qui ne sont pas liées à un problème. Cela peut être une demande de conseil en évolution de carrière ou de bilan de compétences, également des questions d'éthique, de déontologie qui surviennent lorsque des cadres s'interrogent sur les impacts de décisions prises, pouvant avoir des effets négatifs sur l'emploi, les conditions de travail ou sur l'environnement ou même contraires à l'intérêt général...* »

Dimensions européennes

Outre les appuis juridiques et le conseil en orientation professionnelle, les adhérents peuvent accéder à différents services « *comme l'analyse de la charge de travail, la gestion des temps et du stress avec l'Ergostressie Cadres mise en place avec un chercheur, ou le service OSCAR afin de suivre et situer l'évolution de sa rémunération* ».

L'information que le syndicat récolte, travaille et produit est diffusée par plusieurs supports : « *notre revue est tirée à plusieurs dizaines de milliers d'exemplaires ; quelques numéros ont eu un très fort succès, celui sur les "progiciels de gestion intégrés", celui sur "la critique de la mesure" qui traitait de l'évaluation des outils de gestion d'entreprise et apportait une vision critique du tout financier, celui sur la modernisation des administrations* ». Des outils de gestion de la mobilité ont également été mis en place : « *Mobil Net propose au niveau européen un réseau de correspondants qui permet de s'informer sur la législation d'un pays de la Communauté, sur sa culture, sur les organismes auxquels il a accès en tant que cadre, voire aussi des informations pratiques pour le cadre en mobilité, des informations sur l'entreprise d'accueil...* ».

Forte de son implantation grandissante au sein des entreprises privées, la CFDT Cadres s'investit également dans cette dimension européenne : « *les cadres sont amenés à jouer un rôle déterminant dans les comités européens d'entreprise du fait de leur maîtrise des sujets économiques et juridiques, souvent complexes à ce niveau. Nous sommes affiliés à Eurocadres, tout comme les autres confédérations syndicales françaises à l'exception de la CFE-CGC qui dispose de sa propre organisation au niveau européen avec la CEC. Eurocadres est partenaire du dialogue social européen et a beaucoup travaillé sur certains thèmes comme la reconnaissance des diplômes et qualifications, "la formation tout au long de la vie", "un modèle européen de management responsable" ou apporté sa contribution aux consultations de la Commission comme par exemple celle sur "le Livre Vert sur la responsabilité sociale des entreprises"* ». De nombreuses actions sont aussi menées au niveau international à travers les fédérations syndicales internationales, le comité mondial des cadres ou lors d'échanges bilatéraux avec, par exemple, un syndicat brésilien ou indien d'ingénieurs.

La question de la féminisation des emplois de cadre est aussi à l'ordre du jour. La CFDT Cadres a produit « un guide d'aide à la négociation pour l'égalité professionnelle ». Eurocadres a

© Éditions d'Organisation

mis en place FEMANET, un réseau européen consacré à toutes les problématiques liées à l'accès à l'emploi cadre pour les femmes et en particulier, l'accès aux postes à responsabilité qui reste un vrai souci aujourd'hui...

CHAPITRE 2

Les femmes vont-elles changer les cadres ?

Aujourd'hui, environ un tiers des postes d'encadrement au sens large est occupé par des femmes alors qu'elles représentent 45 % de la population active. Dans ce domaine comme dans beaucoup d'autres, l'égalité n'est pas encore atteinte. Pour progressive qu'elle soit, l'entrée des femmes aux postes de cadres ne saurait être ignorée, participant à la transformation du statut et du métier. Mais de là à partager l'idée qui voudrait qu'elles soient en passe d'inventer un nouveau style de management, il y a là un pas qu'on ne saurait franchir ici.

Certaines femmes – qu'elles soient sociologues, politiciennes… – l'ont pourtant sauté. Pour elles, cette nouvelle façon de diriger représente une révolution positive tout simplement parce que les femmes sont soi-disant porteuses de qualités différentes, étant plus adaptées au monde actuel et plus humaines que leurs homologues masculins. Pêle-mêle, elles utilisent ces qualificatifs pour décrire la femme-cadre : elle a le sens du service, de l'accueil, du contact humain, le goût pour la délégation, la capacité à impliquer ses collaborateurs sans faire appel à l'autoritarisme ; elle est sensible à l'épanouissement de ses collègues de travail, plus soucieuse des autres, plus franche… Voilà le portrait robot de cette « femme-plus » qui devrait révolutionner l'entreprise, le travail et l'identité de tous les cadres !

Ainsi, à en croire certaines, les femmes n'auraient que de « bons côtés » à apporter aux entreprises. Non seulement leur arrivée

© Editions d'Organisation

31

mettrait en question une figure « jaunie » du cadre viril et guer-
rier, mais surtout elles seraient à l'origine de l'avènement d'un
nouveau modèle de management : le management au féminin. Un
tel diagnostic, quelque peu sexiste, est-il fondé ? Ce nouveau
management au féminin que l'on dit fait de convivialité, d'esprit
de dialogue, d'éthique et respectueux des équilibres de vie, existe-
t-il dans les faits ?

C'est sur le thème des différences objectives entre hommes et
femmes que se concentrent mes doutes et interrogations. Si on
peut admettre que les différences anatomiques servent à une
distinction sociale entre les deux sexes[1], il est beaucoup plus difficile d'établir une frontière entre des traits de personnalité ou des
attitudes spécifiquement masculins ou féminins. D'abord, ces
différences reposent sur des stéréotypes souvent hérités du modèle
familial du XIXe siècle et « importés » un peu vite dans le monde
des entreprises. Pierre Bourdieu a bien montré combien les différences soi-disant « naturelles » entre les deux genres sont socialement et historiquement construites[2]. Le principe masculin et viril
est dominant, il est du côté de l'extérieur, de l'officiel, du public,
du fort, du grand, du dur, de la combativité… Le principe féminin
est dominé et synonyme de gentillesse, de dévouement, de séduction, d'attention, de continuité, d'intuition (toujours féminine)…
C'est à cause de ces distinctions sans cesse entérinées par la société
que les fonctions qui paraissent aujourd'hui les plus convenables
aux femmes-cadres prolongent la sphère privée : enseignement,
soins, service, communication… Francine Harel Giasson, professeur canadienne, énumère ainsi les traits distinctifs positifs soi-
disant acquis par les femmes à travers leurs rôles de mère et
d'épouse, avant de les critiquer un à un. La femme appartiendrait
au monde domestique où les activités sont indifférenciées et parta-

1. Bien que l'hermaphrodisme, le transsexualisme, le travestissement… soient
des manifestations d'un lien complexe entre sexe biologique et sexe psychique.
2. Pierre Bourdieu, *La domination masculine*, Paris, Point Seuil, coll. Essais,
1998.

gées, d'où une capacité à l'intégration et à la coopération. Elle entretiendrait des rapports directs et personnalisés au sein de la famille, ce qui lui conférerait une intelligence de la relation. Le « monde intérieur » dans lequel elle est censée vivre, relève d'une symbolique basée sur l'harmonie et la solidarité féminine, ce qui lui donnerait une capacité à développer un meilleur climat social[1].

Mais beaucoup trop d'évolutions majeures ont eu lieu pour qu'il soit encore possible de continuer à prétendre révolutionner le management grâce à des femmes dont on fait une peinture avec les pinceaux de la domination masculine ! Force est de reconnaître qu'aujourd'hui, le modèle familial de la femme au foyer a largement explosé (couples monoparentaux, familles recomposées, nouvelles familles...). Il n'est pas sûr que les femmes, et les hommes aussi, se retrouvent dans les rôles hérités du passé, basés sur des distinctions sexuées entre public/privé, mère/père, travail domestique/travail salarié... Nos sociétés occidentales ont de toute façon déjà largement brouillé les identités sexuelles (androgynie, style vestimentaire indifférencié ou mixte...) et écorné les archétypes de la virilité[2].

Le règne des genres revisités

Les rôles sociaux liés à la séparation des sexes en deviennent donc eux aussi plus confus. Ainsi, les différences perçues ne sont pas toujours négatives, les préférences de relations au travail vont quelquefois en direction du sexe opposé – parfois non –, et enfin, les « barrières dressées par les hommes » peuvent prendre une toute autre signification dans la bouche de certaines femmes. Caroline Champetier, chef opératrice de nombreux cinéastes célèbres, confie ainsi son interprétation très personnelle des frontières

---

1. Harel Giasson « Femmes gestionnaires - l'actrice et l'organisation », *in* J-F. Chanlat (dir.), *L'individu dans l'organisation - les dimensions oubliées*, Québec, P.U.L. et Editions Eska.
2. Lire par exemple sur ce sujet, le très complet ouvrage d'Elisabeth Badinter, *XY - de l'identité masculine*, Paris, Odile Jacob, 1992.

infranchissables que tentent de dresser les hommes à l'entrée de certains métiers[1] : « *Si les hommes refusent certains territoires aux femmes, ce n'est pas qu'ils les jugent trop sérieux pour elles. Au contraire, ils protègent simplement des territoires de jeu. La technique en est un, comme la guerre ou la finance. Les hommes ont vraiment le sens du jeu collectif. Je trouve que c'est une chose admirable à mettre à leur crédit. Ils y assouvissent quelque chose de très profond, d'archaïque, de sauvage : cette décharge d'adrénaline qui leur est plus vitale qu'aux femmes…* »

Aux yeux de certains hommes, les femmes de pouvoir embrassent tous les attributs classiques – donc masculins – de l'autorité. Elles sont de véritables reines-mères, carriéristes, castratrices et manipulatrices, simultanément séductrices et autoritaires. Ce à quoi d'aucunes rétorquent qu'elles sont obligées d'être ainsi, intériorisant le modèle dominant qui rejette toute forme de féminité. En même temps, comme le rapporte Gladys Symons, professeur québécoise, dans une de ses recherches, des dirigeantes se refusent à favoriser d'autres femmes lors de processus de nomination, ou avouent en recruter plus car celles-ci ont des exigences souvent moindres en termes de salaire ![2]

Enfin, les différences entre les sexes perçues par les hommes ou par les femmes ne vont pas toujours dans le sens attendu d'une préférence des femmes pour travailler avec des femmes et d'un dénigrement par les hommes des compétences des femmes. Les propos de ce directeur commercial de 45 ans en témoignent : « *Pour moi, il y a plus de très bonnes vendeuses que de très bons vendeurs. Ce n'est pas une question de charme mais d'opiniâtreté, de volonté, d'implication, de dynamisme… J'ai beaucoup de satisfaction à travailler avec une équipe très féminine. J'estime qu'il devrait y avoir plus de femmes cadres supérieurs, même de haut niveau* ». Comme cet homme qui préfère travailler avec le sexe opposé, cette femme-cadre de 40 ans exerçant son métier d'informaticienne dans une banque, n'appré-

---

1. Extrait d'une interview donnée par C. Champetier dans *Télérama*, n° 2715.
2. Gladys Symons, « Les femmes cadres dans l'univers bureaucratique », *in* J.-F. Chanlat (dir.), *op. cit.*

cie guère les environnements professionnels trop féminins : « *J'ai toujours préféré travailler avec les hommes parce que lorsqu'on a quelque chose à se dire, on se le dit en face et de façon directe... Avec les femmes qui sont arrivées à des postes importants comme moi, c'est très agréable, je dirais qu'elles se comportent comme des hommes. C'est différent de la compétition, la rivalité, les mesquineries entre femmes que j'ai connues dans des postes inférieurs où j'étais avant...* ».

Le dilemme maternité ou carrière

Cependant, le poids de toute une psychologie naïve mobilisant le sexe, que les femmes comme les hommes utilisent pour assurer une stabilité de leur identité, ne peut être nié. Le machisme des commerciaux, les communautés viriles et fermées de dirigeants, la masculinité obtuse de certains ingénieurs ne sont pas morts, tout au moins au stade des préjugés. Il n'en est pas moins vrai que de plus en plus d'ingénieurs chimistes ou biologistes sont des femmes embrassant des carrières dans la fonction recherche et développement ; de même, la fonction commerciale se féminise lentement ; certains métiers de haut niveau se sont largement ouverts aux femmes (enseignement, magistrature), certes souvent en se dévalorisant...

Les différences d'attitude au travail ne sauraient donc être pensées et expliquées qu'au travers des différences de sexe. Considérer une parfaite similitude ou au contraire une différence totale entre les deux genres, conduit, on le voit bien, à des positions intenables et propres à reproduire le système archaïque de domination masculine. Les apports particuliers des femmes à l'identité des cadres relèvent avant tout des profils psychologiques de chacune d'entre elles. Cependant, la question de la maternité inscrit une différence biologique que nul ne saurait contourner. Celle-ci est à l'origine d'une organisation sociale particulière et d'une sensibilité – pour ne pas dire différence – plus immédiate et souvent plus intense chez les femmes par rapport à trois thèmes : le temps de travail, le rapport travail/hors travail et la carrière.

Parce qu'elles ont encore trop souvent la charge des enfants en bas âge, les femmes doivent jongler entre la gestion de leur charge de travail et les contraintes de leur « deuxième emploi à temps plein ». Elles tirent certainement de l'expérience de la maternité des enseignements relatifs aux horaires et à la charge de travail. Partir tôt, tenir le timing d'une réunion, accepter des temps partiel à 80 %, prendre ses jours de congés, mieux organiser son travail, deviennent des nécessités pour celles qui veulent assurer un rôle d'éducation. Elles savent aussi trouver des compromis au sein du couple pour éviter d'avoir à porter seules la charge de ce qui devient vite un dilemme impossible.

Pour autant, elles ne choisissent pas toujours l'équilibre vie privée/vie professionnelle. Certaines femmes-cadres décident de sacrifier leur vie privée (loisirs, éducation des enfants, famille, amis…) afin de mettre toutes les chances de carrière de leur côté. Ces signes de disponibilité maximum en vue de « faire carrière », les entreprises – et les femmes-cadres elles-mêmes ! – (se) l'imposent encore trop fréquemment. Car même consentis, ces sacrifices ne sont pas toujours bien vécus et ces femmes-cadres ont parfois, tout comme certains homologues masculins, le sentiment d'être « passées à côté de quelque chose ». Ainsi ce cadre supérieur, directeur d'un projet stratégique au sein d'une grande entreprise française : « *Je sais que je suis passé à côté de mes enfants. Ils vont avoir dix ans bientôt et je ne les connais pas. J'ai même le sentiment que c'est déjà trop tard, que j'ai été trop souvent absent. C'est terrible…* ».

Certaines femmes enfin préfèrent mettre un terme à leurs perspectives d'évolution afin d'assumer leur maternité. Mais elles se retrouvent souvent seules au moment de faire le choix de s'engager dans une direction ou une autre. Une recherche sur la carrière des cadres m'a amené à être le témoin des terribles tensions vécues par une femme de 32 ans entre son désir de carrière et son souci d'être une bonne mère : « *On vient de me proposer un poste vraiment intéressant dans le cadre de la fusion… C'est clair qu'ils ont pensé à moi, qu'ils misent sur moi… Mais le problème c'est ma petite famille. Et puis mon*

© Editions d'Organisation

mari est lui aussi en situation de faire une carrière. Je vais devoir refuser... Ce poste me permettrait d'entrevoir de nouveaux horizons, le refuser serait peu stratégique et mal perçu... Que vais-je donc pouvoir faire ?».

Le plafond de verre (voir en fin de chapitre une présentation de cette notion) auquel se heurtent les femmes pour les postes de dirigeants est toujours aussi difficile à briser, aucune entreprise n'acceptant vraiment les carrières interrompues par des maternités[1]. Sachant que seules 10 % d'entre elles n'ont pas d'enfant, les employeurs n'ont pas fini de se confronter à cette épineuse et pourtant si banale question !

La maternité : un handicap ?

Le poids que fait peser la maternité sur la carrière, et plus généralement sur l'engagement perçu dans l'entreprise, est illustré par le cas de cette femme de 36 ans :

« Le plus grand obstacle pour une femme, c'est d'être mariée, jeune et en couple. Entre 28 et 38 ans, elle est dans le créneau où elle est susceptible d'avoir des enfants et d'être obligée de prendre des congés de maternité et de maladie pour les enfants. On aura beau investir dans des congés parentaux pour les maris... Ce n'est pas dans notre culture, même si les jeunes hommes participent de plus en plus à la vie au foyer. Entre le choix de carrière et celui de garder les enfants, on voit bien celui que va faire un homme. Les femmes qui ont ces âges-là sont en position à la fois d'évoluer, de faire reconnaître leurs compétences et de vouloir avoir des enfants. Si elles font le deuxième choix, il y aura un ralentissement et la carrière pourra repartir après quarante ans mais un retard insurmontable aura été pris pour les très hauts postes... »

---

1. Un signe encourageant cependant : Patricia Barbizet a été nommée début 2002 présidente du conseil de surveillance de Pinault Printemps Redoute, devenant du même coup la première femme dirigeante d'une entreprise du CAC 40.

Là encore, des différences existent selon les secteurs. Dans le tertiaire, dans les firmes de hautes technologies et dans les jeunes entreprises, des postes de direction sont plus facilement offerts aux femmes que dans les industries traditionnelles (textile, agroalimentaire, BTP, automobile...). Plus curieusement encore, ce sont les postes étiquetés « masculins », comme ceux des ingénieurs, qui garantissent aujourd'hui la meilleure égalité des revenus entre les deux sexes !

La solution imparfaite du paritarisme

L'inégalité homme–femme devant les chances de faire carrière est donc certainement la plus criante des inégalités fondées sur le sexe qui perdure aujourd'hui. Des « actions positives » peuvent être engagées pour rompre avec les logiques en œuvre. Le paritarisme est une réponse universelle à ce problème même si elle n'est pas toujours satisfaisante. Sa forme la plus pure peut conduire à des situations inéquitables, imposant des personnes pour remplir des quotas au détriment d'une approche basée sur le mérite, la compétence et la valeur de chaque individualité en dehors de toute appartenance à une minorité quelle qu'elle soit.

Et ce n'est pas non plus en augmentant le nombre de places en crèche qu'une solution sera trouvée à la question de la maternité des femmes qui travaillent. Ce système est coûteux pour les collectivités et peu efficace en matière de santé des enfants. Surtout, il permet d'entretenir l'idée chez les mères et les pères qu'il est possible de « gérer » la grossesse en ne prenant que le minimum légal de congés et en continuant à travailler à domicile grâce aux nouvelles technologies. Une grossesse « bien menée » devient donc une grossesse « invisible » pour l'employeur ! A mon sens, seul un questionnement courageux sur la paternité permettra de sortir de l'impasse des solutions imaginées jusqu'ici.

Allonger la durée des congés obligatoires pour les mères et les pères – comme en Suède ou en Autriche – à six mois chacun au minimum, en compensant le départ prolongé du salarié par une somme versée par l'Etat aux entreprises et aux parents, serait une solution. On l'aura compris, les deux semaines non obligatoires octroyées aux pères par le gouvernement Jospin depuis janvier 2002 relèvent de la mini-mesure. Il faudrait également laisser aux parents la possibilité de décider du système de garde de leur enfant (si possible autogéré, flexible sur les horaires, impliquant les parents et ne faisant pas appel à des emplois publics), couvert par un financement public dans les seuls cas de bas salaires.

Une troisième voie envisageable serait de s'interroger sur la place respective des pères et des mères dans la maternité. En effet, le mythe de l'instinct maternel peut faire des ravages dans certains couples, reléguant les pères au statut de simples pourvoyeurs de fonds ! La nouvelle génération d'hommes-cadres contraste avec les quinquas qui se sont majoritairement appuyés sur leurs femmes pour réussir leur évolution professionnelle. Celles-ci ont d'ailleurs un rôle à jouer dans la prise de conscience de leurs conjoints face à des questions portant sur leur rapport aux temps, la réussite et l'équilibre vie privée/vie familiale.

Faute d'incitations légales fortes en direction des deux sexes, chaque entreprise et branche d'activité met en place des régimes divers améliorant le minimum en matière de prise en charge de la maternité. Il en va de même pour l'intérêt plus général que peut porter une firme à la condition des femmes. Chez Schlumberger, la direction s'est donnée un objectif quantitatif ambitieux de paritarisme et a pourvu un poste au sein de la fonction RH dédié à cette question[1]. A l'opposé, dans certaines entreprises familiales et hiérarchisées comme celle décrite par Françoise Belle, où « *la technicité et la rationalité ont longtemps primé* »[2], les femmes-cadres ont tendance à « *s'autocensurer et à fonctionner par inhibition* », limitant

---

1. Documentaire télévisé en 5 parties de Danièle Dulhoste réalisé en 2000 et diffusé sur *La Cinquième* en octobre et novembre 2001.
2. Voir l'entreprise « A » décrite par Françoise Belle, professeur de sciences de gestion spécialiste des femmes-cadres, dans son chapitre « Les femmes-cadres – quelles différences dans la différence ?», *in* J.-F. Chanlat (dir.), *op. cit.*

d'elles-mêmes leurs possibilités de carrière vers le sommet de la hiérarchie entièrement occupé par des hommes.

L'essor des couples à double carrière

Deux raisons pragmatiques peuvent cependant conduire les entreprises à accélérer le mouvement de l'égalitarisme en leur sein. Les femmes-cadres sont aussi des citoyennes et des consommatrices. En rendant publique une politique volontaire axée sur l'égalité homme-femme, une entreprise peut s'attirer de nouvelles candidates à l'embauche et gagner des parts de marché. Ce raisonnement ne vaut pas seulement pour la « cause » des femmes mais peut être étendu à la question du respect de toutes les différences (sexuelles, raciales, physiques) perçues comme sources d'enrichissement, de complémentarité et non comme des incompatibilités insurmontables. Par ailleurs, l'absence d'équité peut vite provoquer une nette dégradation de l'image d'une entreprise tant en interne qu'en externe. Prendre un tel risque, beaucoup d'entre elles ne peuvent plus se le permettre aujourd'hui. Les demandes d'égalité de traitement entre couples mariés et pacsés, ou d'autres revendications de groupes de pression comme les associations homosexuelles[1], constituent de nouveaux enjeux dont on n'a pas fini de parler.

La deuxième cause fait appel au même type de raisonnement économique. Dans certaines situations, le fait de ne pas prendre en compte la carrière d'un(e) conjoint(e) peut être une source d'inefficacité, de baisse de performance, voire de départ d'un(e) cadre précieux(se). Les préoccupations grandissantes des grandes entreprises en matière de gestion des couples à double carrière, illus-

---

1. On recense de nombreuses entreprises ou administrations ayant ce type d'association en leur sein : RATP (Homobus), SNCF (Gare !), Armée (AFMGL), EDF-GDF (Energay), Police (Flag), Mairie de Paris (3HVP), Canal+ (Cgay), Air France (Personn'ailes), La Poste (Les affranchis), France Télécom (Tels et Telles)…

trent bien cet aspect de la transformation de l'identité des cadres à travers la féminisation du groupe[1].

Le processus de formation des couples repose beaucoup plus aujourd'hui sur une similitude des niveaux scolaires que sur une commune appartenance à une ethnie ou une classe sociale. La probabilité qu'il existe deux individus susceptibles de vouloir « faire carrière » au sein d'un couple s'en trouve donc augmentée. Chez les plus jeunes en particulier, les cadres veulent vivre pleinement leur couple et leur travail avec la même intensité. Les interrogations sur les rôles respectifs au sein des couples se trouvent ainsi renforcées ainsi que la mise en tension des désirs individuels conjugués avec le besoin de se réaliser ensemble.

Lorsqu'une mutation, voire une expatriation, est proposée à l'un des deux conjoints, un dilemme se fera jour. Refuser une telle proposition d'avancement peut mettre un terme à la carrière du cadre pressenti pour cette mobilité, mais l'accepter conduira forcément à un sacrifice de carrière temporaire ou définitif de la part du « conjoint suiveur ». Or, dans la plupart des cas, si la solution du sacrifice est choisie, il s'agira plutôt d'une « conjointe suiveuse » qui renoncera à sa carrière pour accompagner famille et mari ! Une configuration dont les entreprises se méfient de plus en plus. D'une part, l'augmentation des refus pour cause de carrière du conjoint entraîne une raréfaction des « candidats au départ ». D'autre part, si la mobilité est acceptée, les regrets de la « suiveuse » peuvent mettre en danger une adaptation toujours difficile du cadre muté ou expatrié.

Pour encourager les décisions d'expatriation de leurs cadres, certaines grandes entreprises développent des pratiques d'accompagnement du conjoint telles que : l'aide à la recherche d'emploi, les formations interculturelles et/ou à la langue du pays

---

1. Voir au sujet des couples à double carrière l'article que j'ai écrit avec O. Mérignac : « Le potentiel du cadre candidat à l'expatriation : un élément déterminant des pratiques de gestion du conjoint », Communication au 11ème congrès annuel de l'AGRH, ESCP-EAP, 2000.

d'accueil... D'autres vont plus loin encore et tentent de gérer non seulement la carrière de l'expatrié mais aussi celle du conjoint suiveur : conseil de carrière, financement d'études, outplacement, et même embauche du conjoint ou recherche d'emploi dans le réseau d'affaires de l'entreprise. Le Club Magellan[1], club privé réunissant des DRH de grandes entreprises, permet ainsi d'échanger une prise en charge croisée à la fois de l'expatrié et de son conjoint qui travaille ou pourrait travailler à l'avenir dans l'une des entreprises membres du club.

Bien sûr, de telles pratiques sont encore rares et représentent un coût élevé pour l'entreprise qui les met en oeuvre. Mais elles montrent que lorsqu'elles en ressentent la nécessité, les entreprises sont en mesure de gérer les carrières des femmes-cadres souhaitant concilier vie privée et vie professionnelle.

L'existence d'un quelconque « management au féminin » qui viendrait transformer les rôles et les pratiques du métier de cadre est donc loin d'être une hypothèse convaincante à mon sens. Toutefois, l'augmentation du nombre de femmes-cadres amène les entreprises à devoir s'intéresser de près à la question de la maternité si elles veulent fidéliser des salariées performantes. Et il ne fait pas de doute que pour beaucoup d'hommes et de femmes d'aujourd'hui, l'entreprise ne doit plus être l'un des derniers bastions d'un machiste « superman », insensible et belliqueux.

Cette question de la place des femmes dans l'exercice du pouvoir et de l'autorité au sein des firmes a permis d'aborder un autre facteur essentiel du brouillage de l'identité de cadre. Alors que des femmes aimeraient être qualifiées de véritables « patrons d'industrie » et que des hommes s'identifient encore aux modes de vie des « golden boys » des années 80, d'autres tentent d'inventer de nouveaux styles de management au sein d'entreprises en pleine mutation.

1. Voir www.magellan.com pour de plus amples informations.

Ainsi sont les cadres : ils rêvent d'obtenir un statut auquel les moins diplômés n'auront que difficilement accès alors même que de plus en plus de salariés l'obtiennent ; ils ne savent plus à quels syndicats se vouer et pourraient être tentés par la revendication collective et la négociation de nouvelles règles et normes de travail ; le chômage – pourtant redevenu faible – s'agite devant eux comme un épouvantail effrayant et a souvent cassé la confiance qu'ils avaient en l'entreprise ; enfin, l'arrivée des femmes depuis une quinzaine d'années parachève la profonde remise en question qu'ils se livrent sur leur rôle, l'exercice quotidien de leur métier et leurs rapports à la vie hors travail.

Cependant, il reste un pan entier à explorer pour cerner clairement les dimensions du gouffre qui sépare le cadre des années 60 et celui du siècle naissant. Les entreprises ne font pas qu'enregistrer et se soumettre aux révolutions socio-économiques qui les entourent. Elles jouissent d'une forte autonomie et poursuivent des objectifs de rentabilité toujours plus durs. Elles s'imposent des rythmes de changement de plus en plus soutenus pour répondre à la concurrence sauvage des marchés globaux. C'est sur ce terrain des transformations du système productif que se situe l'autre champ d'explication de la banalisation d'une partie non négligeable des cadres.

Jacqueline LAUFER, sociologue, professeur au Groupe HEC. A quand la fin du plafond de verre ?

C'est dans les états-majors d'entreprise que les femmes se retrouvent les plus minoritaires : environ 7 %. Cette proportion diminue encore avec la taille des entreprises : elles n'étaient que 4,8 % dans les firmes de plus de 500 personnes en 1996. Certains secteurs apparaissent plus ouverts aux femmes (l'hôtellerie, le luxe, l'habillement, la pharmacie) où elles représentent 12 à 17 % des dirigeants. Mais elles ne sont plus que 3% à 4% dans les secteurs « masculins » : BTP, construction automobile, etc). Si certaines fonctions leur sont plus facilement dévolues (communication et publicité, gestion des ressources humaines, administration et secrétariat général, finance, comptabilité, contrôle de gestion), les femmes dirigeantes restent une denrée rare.[1]

Comment peut-on rendre compte de ce « plafond de verre », terme anglo-saxon qui désigne l'ensemble des obstacles que rencontrent les femmes quant à leur accès aux sphères dirigeantes dans les organisations ? Une première explication est celle du « retard historique ». En effet, les femmes n'ont pas toujours été à égalité de chances avec les hommes sur le plan du diplôme. Ce n'est que dans les années 1970 que les grandes écoles se sont ouvertes à elles. Pendant tout un temps, on a donc pu considérer que ce retard historique allait être à terme « naturellement » comblé par l'arrivée de femmes compétentes et motivées au sommet des hiérarchies organisationnelles. Cette explication semble néanmoins insuffisante, en raison du nombre de femmes désormais formées et qui, ayant développé des carrières au sein des organisations, ne franchissent pas pour autant le « plafond de verre » qui les sépare des lieux de décision.

Une deuxième explication de la rareté des femmes dans les postes de direction est liée au fait que les femmes-cadres avaient tendance jusqu'à un passé récent à occuper des postes d'expertise, fonctions d'assistance, emplois qui, même s'ils étaient d'un bon niveau, restaient le plus souvent complémentaires à ceux des hommes et peu susceptibles de conduire à des postes de pouvoir et d'encadrement d'équipes importantes. Il s'agissait donc de fonctions moins visibles, moins stratégiques. Les femmes étaient d'ailleurs nombreuses à revendiquer ce modèle de carrière fondé sur le désir d'avoir un « travail intéressant » mais n'impliquant pas de pouvoir ou d'encadrement, de manière notamment à maintenir plus de

---

1. Voir J. Laufer et A. Fouquet. « Effets de plafonnement de carrière des femmes cadres et accès des femmes à la décision économique », Groupe HEC, Centre d'études de l'Emploi, Service des Droits des Femmes, 1997. Les données citées sur les femmes dirigeantes proviennent du codage du « carnet 1996 » du *Nouvel Economiste* qui traite des « 5 000 sociétés leaders » en France et de leurs 30 000 dirigeants..

disponibilité pour leur rôle familial. Dans ce contexte, quand il s'agissait de remplacer tel ou tel responsable, on ne pouvait que constater qu'une majorité de femmes ne se trouvaient pas dotées de l'expérience nécessaire pour accéder au poste en question.

Toutefois, ces explications ne permettent pas de rendre compte de la situation actuelle. Désormais, les jeunes diplômées abordent leur carrière avec une attitude plus stratégique et proactive. Elles désirent alterner postes fonctionnels et opérationnels, découvrir les fonctions d'encadrement ; elles veulent aussi se rendre plus visibles en capitalisant sur leurs réussites et savent qu'elles doivent être mobiles. Elles envisagent leur carrière comme une série d'opportunités qu'il faut savoir saisir pour s'affirmer à égalité avec les hommes. Pourtant, en dépit de cette attitude « pro-active » de bon nombre de jeunes femmes-cadres en matière de carrière, elles demeurent sous-représentées au sommet des hiérarchies.

De fait, pour une part encore trop large, les processus de gestion des carrières sont « organisateurs de rareté ». Par exemple, les critères de potentiel sont trop souvent associés de manière rigide à des normes d'âge, ce qui défavorise les femmes dans la mesure où à trente ou trente cinq ans, elles peuvent apparaître comme « moins disponibles » ou comme devant faire un « choix » entre maternité et investissement dans la carrière, ce que la plupart refusent désormais.

Il faut aussi considérer le poids des stéréotypes et des représentations culturelles quand il s'agit des femmes et du pouvoir. Dire d'une femme : « c'est une femme de pouvoir », est rarement un compliment. Traditionnellement, les organisations et la société ont plutôt encouragé les femmes à être compétentes, bien sûr, mais aussi discrètes, féminines, subordonnées. Quand on associe le pouvoir à la féminité, c'est plutôt pour souligner les formes ambiguës, informelles du pouvoir. La séduction, l'influence, voilà les qualités qui ont été depuis longtemps reconnues aux femmes plutôt que la légitimité à exercer une position de pouvoir formel. Là où les hommes bénéficient d'un capital de confiance, les femmes doivent prouver qu'elles méritent cette confiance ; c'est vrai des supérieurs mais aussi des subordonnés.

Course d'obstacles

De nombreuses recherches anglo-saxonnes ont d'ailleurs souligné à quel point l'image du « manager idéal » était masculine. Pendant longtemps, ce « manager idéal » a été compétitif, agressif, dominant, ferme, vigoureux, rationnel. Et les femmes ne semblaient décidément pas conformes au modèle : plus orientées vers les personnes, plus émotionnelles, moins ambitieuses, plus intuitives, etc. Ces stéréotypes tendent à perdre de leur force à mesure que les femmes accèdent plus nombreuses aux postes de responsabilité. Toutefois, pour ce qui concerne les fonctions les plus élevées, la perception demeure chez beaucoup que la réussite dans ces postes serait plus souvent le fait des hommes[1]. Quant à l'apport de « qualités féminines » au management qui est de plus en plus souvent invoqué, il peut avoir pour effet de renforcer les stéréotypes traditionnels à propos des hommes et des femmes.

D'autres facteurs jouent aussi un rôle déterminant dans la construction du plafond de verre. Ainsi, la tension permanente entre la recherche d'un équilibre vie privée / vie professionnelle et l'implication intense que nécessite la compétition pour le pouvoir et l'exercice des responsabilités, constituent des obstacles pour les femmes-cadres. La question de la mobilité internationale – particulièrement difficile à gérer pour les couples à double carrière –, les « règles du jeu » souvent implicites qui gouvernent l'accès au pouvoir dirigeant – comme la complexité des processus de cooptation qui déterminent l'accès à ces sphères –, sont autant d'autres barrières à franchir par les femmes qui veulent accéder au groupe des dirigeants.

---

1. Schein, V. E., 1994, « Managerial sex typing : a persistent and pervasive barrier to women's opportunities », *in* M. Davidson et R.Burke (Eds) *Women in Management* – Londres – Paul Chapman.

Quelles sont alors les démarches qui peuvent accélérer l'accès des femmes aux postes de responsabilité dans l'entreprise ? Une première approche peut conduire à établir un parallèle entre la question de l'accès des femmes aux responsabilités dans l'entreprise et celle de leur accès au pouvoir politique, s'appuyant sur les notions de parité et de quotas. Si cette approche peut être adaptée au monde politique où le principe fondamental est celui de l'égalité entre les citoyens, elle peut paraître inadaptée à la logique de l'entreprise. Ceci ne s'oppose pas, néanmoins, à la mise en œuvre de démarches de type volontariste ou négocié, prévues par la loi du 13 juillet 1983 sur l'égalité professionnelle et par la loi du 9 mai 2001.

Ces « actions positives » peuvent ici avoir pour objectif de lutter contre l'inégalité des chances entre hommes et femmes, sur le plan de leur accès à des fonctions de responsabilité, et de créer des conditions plus favorables à la carrière des femmes. Dans cet esprit, on peut souligner que les directions les plus éclairées disposent d'une palette d'outils de management humain de plus en plus ciblés : gestion et développement des compétences et des potentiels, évaluation des performances, programmes de formation au management jalonnant le parcours des cadres dirigeants, démarches de mentorat ou de « coaching » pour accompagner les parcours des cadres à haut potentiel jusqu'aux frontières des équipes de direction.

Ainsi, par exemple, dans certaines entreprises plutôt de culture anglo-saxonne, se développent des processus de « mentorat » qui peuvent s'exercer au bénéfice des hommes comme de cette minorité de femmes qui accèdent au pouvoir (de direction). Les « mentors » sont le plus souvent des hommes influents occupant des positions élevées dans la hiérarchie et dont le soutien se révèlera déterminant pour l'accès de ces femmes à des postes de pouvoir.

Jusqu'à présent dans la plupart des entreprises qui conduisent des démarches de développement de carrière en direction de leurs cadres dirigeants, on ne constate pas encore suffisamment de volonté de traiter, de manière explicite, la question des facteurs particuliers qui peuvent peser sur le devenir des

47

futures dirigeantes dans des équipes de direction encore majoritairement masculines[1].

---

1. Voir J. Laufer et A. Fouquet, « Les cadres à l'épreuve de la féminisation », *in* P. Bouffartigue (dir.), *op. cit.*

CHAPITRE 3

Quand l'entreprise bouscule le statut,
le cadre vacille

Avec la fin des années 80, les cadres n'ont plus été les metteurs en scène des changements d'organisation au sein de leur entreprise comme c'était le cas depuis le premier choc pétrolier. Au contraire, ils sont devenus la cible de ces transformations profondes dont le rythme s'est accéléré depuis, au point que le pilotage d'incessants changements semble être devenu une habitude des stratégies et des pratiques de management. L'économie d'entreprise est entrée dans l'ère des restructurations permanentes. En outre, depuis une quinzaine d'années, les entreprises ont compris que pour mieux maîtriser le changement continuel, elles devaient tout simplement aussi « restructurer » leur encadrement.

Les plus grandes d'entre elles se sont alors lancées dans la quête d'un « nouveau cadre » pour répondre à trois transformations majeures. Les stratégies de recentrage et de croissance externe tout d'abord, ont contribué à la déstabilisation des repères professionnels des cadres. La flexibilité organisationnelle ensuite – qu'elle prenne le visage de l'externalisation, de l'outsourcing ou de la gestion de projet – a modifié en profondeur l'exercice du métier d'encadrant. Enfin, l'internationalisation des firmes a été la cause majeure de la mise à mal du fameux « statut à la française ». Pour les cadres, ces trois mutations se traduisent en fin de compte par la volonté des entreprises d'abandonner la notion de carrière afin

© Editions d'Organisation

de mieux les habituer à l'idée qu'ils sont eux aussi désormais au cœur de l'incertitude économique.

Comme d'autres domaines de la gestion, la stratégie d'entreprise suit souvent des modes qui n'ont rien d'anecdotiques. Ainsi, après les excès du reengineering, le principe du recentrage sur le cœur de métier reste ancré dans les pratiques. La place de plus en plus déterminante des actionnaires dans les logiques financières des grandes firmes a conduit celles-ci à vouloir rendre leurs performances plus lisibles. En cela, l'existence d'un portefeuille d'activités très diversifié a rapidement été perçue comme un handicap. Sous la pression des actionnaires, les dirigeants ont donc recherché des configurations d'entreprises spécialisées et centrées sur leur cœur de métier, c'est-à-dire fondées sur un ensemble d'activités proches et facilement analysables. Cette logique a fleuri surtout dans des secteurs « mûrs ». Ainsi, Rhône-Poulenc s'est-il séparé de sa chimie et d'autres activités moins lucratives que la pharmacie, avant de fusionner avec un autre « pharmacien » européen pour atteindre une taille critique suffisante. La course au gigantisme n'est pas une histoire récente, mais elle vient parfois s'ajouter à la volonté de clarifier les configurations productives des firmes. Aussi s'accomplit-elle souvent par des opérations de croissance externe et de rachats. De cette façon, les grandes entreprises cherchent à obtenir des économies d'échelle pour lutter plus efficacement dans un champ concurrentiel largement mondialisé.

La valse des stratégies et des hiérarchies

Ces deux phénomènes, recentrage et augmentation de la taille, sont, bien sûr, synonymes de restructurations, fusions et acquisitions. Ces incessants changements de périmètres avec les modifications de noms, de marques, de produits, de services... qui s'ensuivent, placent les cadres dans un tourbillon qu'ils ne maîtrisent pas. Une entreprise peut être vendue, rachetée par un concurrent, « relookée », débaptisée, filialisée... plusieurs fois en une décennie. Les stratégies sont alors régulièrement « corrigées », les

© Editions d'Organisation

50

dirigeants remplacés, les objectifs revus. Les cadres souffrent davantage qu'auparavant de ces transformations sans fin. Dans une enquête de l'APEC réalisée en 1998, la réorganisation des entreprises apparaît comme le deuxième facteur de leurs difficultés professionnelles (35 % des répondants). L'instabilité qui règne dans certains groupes se traduit pour eux par un turn-over de leurs propres hiérarchies et par des revirements stratégiques dont le bien-fondé ne leur apparaît pas nécessairement et qu'ils devront pourtant « vendre » à leur équipe. « *Il faut signaler que depuis deux ans nous avons changé de direction plusieurs fois,* explique une femme-cadre de 53 ans travaillant dans la fonction contrôle de gestion. *A chaque fois, il y a des revirements de stratégie, des modifications d'outils informatiques… Vous êtes obligé de jongler avec différents logiciels qui proviennent des filiales intégrées ou de la nouvelle maison-mère… On perd vite un temps fou…* ».

Dans une enquête menée auprès d'anciens étudiants de l'ESCP-EAP, les 1 133 répondants expliquent pourquoi ils pensent que ce que l'on attend d'eux est fluctuant : parce que les supérieurs changent souvent (26 %), parce que les marchés et les technologies évoluent rapidement (67 %) et les structures des entreprises aussi (58 %)[1]. Ces transformations incessantes, doublées de la complexification des structures et de l'accroissement de la taille des grandes entreprises, provoquent un sentiment de flou vis-à-vis de la stratégie, d'absence de concertation et d'éloignement avec la direction générale. Ainsi, dans une enquête *Liaisons Sociales*-Manpower, 24 % des cadres interrogés sont inquiets pour leur avenir. Ce sont surtout les cadres des grandes entreprises et ceux qui n'ont pas de fonction managériale qui disent être insuffisamment associés aux décisions prises à la tête de leur entreprise[2].

---

1. H. Laroche, L. Cadin et C. Falcoz, *La construction du manager – recherche sur la fonction managériale et son évolution*, rapport remis à la CCIP, novembre 2000.
2. *Liaisons Sociales*, magazine de septembre 1999.

Flexibilité, le maître-mot

Dans le même temps, se développe un autre discours essentiel dont on n'a pas encore fini de mesurer l'ampleur et les effets : celui de la flexibilité. Certes, les grandes entreprises grossissent mais elles le font en dégraissant la ligne hiérarchique et en se subdivisant en petites entités autonomes. Les organigrammes « plats » ou « light » sont devenus une fierté pour bon nombre de dirigeants français qui, traditionnellement, avaient l'habitude de créer une multitude de niveaux hiérarchiques pour assurer le commandement et la progression d'un nombre croissant de cadres. L'encadrement intermédiaire est celui qui a le plus souffert de ce type de politique très en vogue dans les années 80.

La mise en place de « centres de profit » est l'autre grande solution pour assurer une flexibilité organisationnelle. En donnant à une petite entité une autonomie budgétaire, les grandes entreprises ont cherché à améliorer leur contrôle sur les résultats d'équipes à « taille humaine ». Informatisation et systématisation des techniques avancées de contrôle de gestion n'ont fait que faciliter la mise en place de ces multiples « PME de grands groupes ». Autre source de flexibilité organisationnelle, celle qui consiste tout simplement à externaliser certaines fonctions supports. Des entreprises n'hésitent plus à se séparer de leur service informatique, de l'entretien, du gardiennage des locaux… Outre la classique sous-traitance (du recrutement, de la formation en passant par l'accueil téléphonique ou la production d'un élément entrant dans le produit final), se développent donc des pratiques d'outsourcing qui permettent de rendre les charges variables. Ainsi, en cas d'à-coups de la croissance, l'entreprise n'a qu'à revoir son contrat commercial avec son ancien service outsourcé à une société spécialisée.

Du jour au lendemain, des cadres et ingénieurs sont ainsi vendus à des sociétés qui, le plus souvent, procèdent à des « dégraissages » au bout d'un an. Ils quittent en outre, lors de ces opérations, une activité fonctionnelle au sein d'une entreprise « donneuse

© Editions d'Organisation

d'ordre » pour entrer dans une logique de prestataire de services spécialisé dans un domaine, subissant du même coup la concurrence frontale d'autres prestataires de services.

L'exemple de la gestion de projet illustre à merveille la mise en pratique de ce double souci de flexibilité et de délégation à des entités autonomes. Très en vogue dans les années 80, elle s'est répandue à grande vitesse, au point que l'on ne sait plus toujours à quoi elle correspond vraiment aujourd'hui. Au départ, la gestion de projet a été conçue pour améliorer les processus d'innovation. Apparue aux Etats-Unis à la fin des années 40, elle a connu de nombreuses transformations au cours des années 1980 et 1990. Elle est plus que jamais synonyme de travail en équipe autonome et de transversalité.

Participer à une équipe projet consiste en effet à côtoyer différents collègues de l'entreprise (voire d'autres entreprises) appartenant à des fonctions et métiers divers. La logique hiérarchique et verticale est remise en cause, la volonté affichée étant de rendre les processus de création de valeur moins cloisonnés (plus transversaux). Comme l'indique Thierry Picq, professeur à l'EM Lyon : « *L'intérêt du projet est donc de mettre en avant les hommes, leur énergie et leur passion plutôt que les structures hiérarchiques. C'est une occasion de mener une aventure professionnelle complète, du début à la fin, et de la vivre à plusieurs* »[1]. Relativement petites et non hiérarchisées, les équipes sont placées sous la responsabilité d'un chef de projet qui est seul à rendre des comptes sur l'état d'avancement des travaux. L'équipe projet ressemble ainsi à une sorte de « centre de profit » qui orchestre de façon flexible la créativité d'un ensemble de salariés hautement compétents.

De nombreux cadres se trouvent actuellement dans des entreprises aux structures en pleine révolution. Dans ce grand mouvement qu'il serait plus sage de qualifier de « déstructuration », on ne trouve souvent que le titre de « chef de projet » à leur donner, tant

---

1. T. Picq, « *Manager une équipe projet – pilotage, enjeux, performance* », Paris, Dunod, 1999.

leur poste de travail s'est dissous dans un ensemble de missions faisant appel à divers niveaux de responsabilités et de compétences. Celui qui se trouve à la tête d'un projet doit se reposer sur un réseau interne informel de relations qui l'aideront à mobiliser d'autres cadres et experts prêts à entrer dans son équipe. A la fois manager et expert, il devra faire travailler un collectif de personnes qui ne se côtoient pas habituellement au quotidien. Dans une telle situation, le cadre doit nécessairement se représenter sa place dans l'entreprise en dehors de toute logique hiérarchique.

Enfin et ce n'est pas le moins anodin, tous les membres d'un projet se retrouvent sous pression du début à la fin de l'aventure. En effet, la mise en place d'un tel système de management répond à la volonté des entreprises de diminuer les coûts de conception, réduire les délais et améliorer la qualité. Or, la gestion de projet permet d'augmenter fortement la chrono-compétition, de stimuler la créativité en cassant les habitudes de travail par fonction et service, ainsi que d'anticiper plus vite les changements qui se font jour sur leurs marchés. Se remémorer l'image du cadre d'hier suffira donc amplement pour entrevoir l'écart creusé avec le « nouveau cadre » en gestation au sein de ces structures par projet.

Un costume statutaire made in France

Ce n'est pas tout. Outre ces changements de formes d'entreprises et d'organisations du travail, une troisième mutation est en train d'avoir un impact important sur les cadres. Il s'agit de l'internationalisation. Il suffit de rappeler les propos d'un DRH d'une entreprise française de grande distribution largement internationalisée pour sentir combien ce qui se joue là est essentiel : « *Vous me demandez combien il y a de cadres dans mon entreprise au niveau mondial ? Je ne pourrais vous répondre. Par contre, je sais combien il y a de managers !* ».

Dès qu'une entreprise française franchit le seuil du territoire national, elle semble renoncer à penser en termes de cadres. De son côté, lorsqu'un cadre français traverse les frontières de sa Gaule natale, il doit rapidement se rendre, lui aussi, à l'évidence : trouver un salarié qui lui ressemble, qui est vêtu du même costume statutaire est quasi impossible. Le « cuadro » italien embrasse une réalité trop large comparé à lui. Mais, comme en France, il est aisé de le distinguer nettement du « dirigento ». Ainsi que l'indiquent Frank Bournois et Yves-Frédéric Livian dans une étude très complète : « *La plupart des pays utilisent différents termes mais possèdent un continuum plutôt que des frontières claires au sein du groupe des "managers", la France étant une exception à cela* »[1]. Dans le reste de l'Europe, comme au Japon et aux Etats-Unis, ni le système scolaire (et donc le diplôme), ni la loi (tribunal, réglementation fiscale, organisations catégorielles…) ne viennent délimiter une double frontière claire entre d'une part, les non-cadres et les cadres, et d'autre part, les cadres et les dirigeants.

On comprendra alors l'importance des pratiques de gestion du « passage cadre » en France, en particulier dans les grandes entreprises industrielles où le faible taux d'encadrement, doublé d'une forte présence d'ingénieurs, perpétuent le mythe du fameux statut. Cours du soir, tests, obtention de diplômes élevés et période probatoire, aboutiront pour les plus acharnés et les plus méritants à remporter la palme lors d'une cérémonie d'adoubement en présence de la « haute direction ». L'accès au statut de cadre par la promotion interne constitue de fait un levier important de motivation dans certains secteurs de l'industrie et du commerce. Aussi, certains DRH français n'en souhaitent-ils pas la disparition car il représente à leurs yeux un outil de gestion stimulant pour des publics non cadres et prometteurs.

Pour visualiser cette diversité des situations nationales, on peut aussi tenter de comparer les taux d'encadrement selon les pays. Faible dans les pays d'Europe du Sud (entre 9 et 14 %), il est plus élevé en Europe du Nord (entre 22 et 27 %). Mais ce découpage

---

1. C'est nous qui traduisons : Y.-F. Livian et T. G. Burgoyne (éd.), *Middle Managers in Europe*, New York, Routledge, 1997.

cache des exceptions (comme la Grèce et l'Allemagne) et doit être interprété avec une grande prudence. Utilisé dans de nombreux pays (Royaume-Uni, Etats-Unis, Pays-Bas, Suède, Norvège…), le terme de manager cache lui-même des distinctions propres à chaque contrée et à chaque entreprise qui s'articulent autour d'appellations ne renvoyant à aucune « origine contrôlée » : senior manager, top manager, middle manager, junior manager, supervisory manager, first-line manager… Dans ces pays, les ingénieurs occupent souvent une place moins enviée que celle de leurs homologues français. L'âge, l'expérience, la nature intellectuelle du travail, la délégation de pouvoir et l'étendue des responsabilités sont autant de critères qui entrent en jeu lors de l'attribution du titre de manager. Mais n'étant pas contrôlé ou encadré légalement au niveau national, son obtention ou son retrait dépendent uniquement de l'employeur.

Des modes de pensée américanisés

Pour un cadre français, les occasions de se trouver en contact avec des managers étrangers sont de plus en plus nombreuses. On peut retenir 1986 comme l'année de décollage des investissements directs des entreprises françaises à l'étranger. C'est à cette période que les investissements directs des entreprises étrangères en France commencent également à prendre des proportions imposantes. Ainsi, plusieurs dizaines de milliards d'euros sont dépensés chaque année dans le cadre d'opérations de fusions-acquisitions internationales. En 1995, les groupes français contrôlent 6 900 entreprises étrangères contre 3 900 en 1989 ; dans le sens inverse, 6 500 entreprises en France sont contrôlées par 1 400 groupes dont l'entreprise de tête est étrangère. Les conséquences de telles opérations d'internationalisation sur la gestion des ressources humaines sont visibles à tous les niveaux hiérarchiques.

Pour commencer, c'est à la tête des états-majors que s'effectue le brassage des nationalités. Ainsi AXA, Alcatel, Carrefour, Danone, Degremont, Sylea… ont un ou plusieurs « non-français » dans leurs instances de direction. De même, de nombreuses sociétés étrangères implantées en France sont dirigées par des équipes pluriculturelles (Colgate Palmolive, Disneyland Paris, Fiat France, Glaxo Wellcome France, Henkel France…). Une logique identique est souvent choisie pour la constitution des équipes de cadres supérieurs qui participeront à l'intégration d'une société étrangère rachetée. Ainsi, Lafarge possède toute une batterie de procédures lui permettant d'assurer cette phase délicate en un temps court (six mois), grâce, entre autres, à l'échange croisé de 100 cadres entre la société-mère et la société nouvellement acquise. Au-delà des ces pratiques propres aux grands groupes qui assurent leur croissance externe par des rachats successifs, toutes les entreprises, quelle que soit leur taille, peuvent avoir à expatrier un cadre. Et dès qu'elles choisissent de dépasser les strictes logiques d'exportation de leur production pour se développer à l'international, les questions de cultures nationales se posent.

Les formations en langue et au management interculturel sont une des réponses apportées par les entreprises pour accompagner les cadres dans leurs activités internationales. Mais au-delà des dispositifs de gestion, c'est le choc des représentations qui mérite l'attention. En effet, de même que l'anglais s'est imposé comme langue d'affaire, les catégories mentales américaines et anglaises rallient de plus en plus d'entreprises. « Managers », « professionals » (experts) et « executives » (dirigeants) constituent les trois principales figures de l'encadrement au sens large dans ces pays. Durant nos nombreuses missions d'études et de conseil dans des grands groupes, nous avons pu constater que ces catégories sont largement employées par les entreprises pour penser leurs politiques et gérer leurs cadres. Notre question : *« Combien de cadres avez-vous à gérer ? »* est devenue, dans un tel contexte, totalement dépourvue de sens, à moins de n'espérer de réponse que pour la France, réponse d'ailleurs rapidement trouvée dans le bilan social de l'entreprise.

Il ne s'agit pas, ici, de simples subtilités de vocabulaire. Dans les petites entreprises, une telle modification des modes de pensée n'est pas très sensible. Mais dès que l'entreprise dépasse quelques centaines de salariés et, surtout, dès qu'elle décide d'avoir une politique d'implantation durable à l'étranger, alors les cadres français n'ont qu'à bien se tenir !

Adieu la carrière, bonjour l'employabilité !?

Les mutations de la société ne sont donc pas les seules à affecter les cadres et leur statut. Parce que les entreprises doivent tracer autrement leur chemin vers plus d'efficacité, elles ont, elles aussi, toutes les bonnes raisons de demander aux cadres de travailler autrement et de descendre de leur piédestal. Mais que reste-t-il donc à ceux-ci ? Ils ne croient plus en leur syndicat naturel ; les entreprises n'hésitent plus à les licencier et à leur demander de se plier à leurs nouvelles exigences… C'est du côté de la carrière que doit forcément se trouver la réponse. En effet, les cadres ont joui durant plusieurs décennies d'un attribut qui les distinguait fortement des autres salariés. Ils pouvaient avoir accès, de façon relativement automatique, à des systèmes de promotions salariales et d'augmentations de leurs responsabilités.

Toutefois, depuis une dizaine d'années, la carrière semble, elle aussi, appartenir au passé. Les carrières verticales au sein de la hiérarchie des responsabilités et des rémunérations ne sont plus possibles, avouent les DRH. D'abord parce qu'entreprise plus plate rime avec réduction du nombre des supports de promotion disponibles. Ensuite, parce que les directions générales sont confrontées à un environnement plongé dans l'incertitude. Comment promettre une évolution sur le long terme à des salariés, alors que la survie de l'entreprise elle-même n'est pas garantie à court terme, objecte-t-on dans les états-majors ?

De ce fait, « *Peut-on encore faire carrière ?* » se demande en 1992 Jean-François Chanlat, professeur à Paris 9-Dauphine[1], comme l'avait fait deux ans plus tôt le cabinet Leroy Consultants dans un article publié dans *Harvard-L'Expansion*[2]. Le renoncement à l'idée d'organiser des carrières, qui se dessine dès la fin de 1991, succède pourtant à trois années d'embauches tous azimuts et d'inflation salariale pour les cadres. De telles remises en question font alors remonter à la surface des discours passés assez inaperçus quelques années auparavant, comme celui sur « *le cadre acteur de sa carrière* », titre de l'ouvrage précurseur de Daniel Pernin paru en 1985[3]. Le cadre ne pourrait plus compter sur l'entreprise pour s'occuper de son évolution. A lui de se débrouiller dans un environnement professionnel en pleine mutation !

Certaines entreprises ont donc définitivement abandonné toute promesse de carrière à leurs cadres. Beaucoup d'autres se sont mises à imaginer des dispositifs nouveaux, refondant leurs politiques en lieu et place de la logique classique. Trois outils à la mode illustrent ces nouvelles pratiques d'entreprise parfois très critiquables.

Le premier glissement opéré par de nombreuses sociétés a été de remplacer la promesse de carrière par une promesse d'employabilité. Comme l'a précisé Françoise Dany, professeur à l'EM Lyon, ce concept américain arrive à point nommé en France à la fin des années 1980 alors que les premières tensions sur le marché du travail des cadres se font sentir[4]. L'idée est simple : le maintien et le développement de l'employabilité des cadres devient la garantie, l'objectif étant l'amélioration de la « valeur » du salarié sur le

---

1. J.-F. Chanlat, « Peut-on encore faire carrière ? », *Revue Internationale de Gestion*, vol. 17, n° 3, pp. 110-111.
2. Leroy Consultants, 1990, « La carrière... en question », *Harvard-L'Expansion*, n° 55, p. 10 à 20.
3. D. Pernin, 1985, *La gestion des cadres – acteurs de leur carrière*, Paris, Editions Hommes et Techniques, 294 pages.
4. F. Dany, « Employabilité et gestion des compétences», *in* F. Bournois *et alii*, *op. cit.*

marché du travail, surtout dans un contexte où plus personne n'est à l'abri d'un licenciement économique. Les moyens à mettre en œuvre, déjà présents dans les entreprises, seront renforcés. La formation permanente, les bilans de compétence et plus récemment, la validation des acquis professionnels, en sont les trois dispositifs les plus répandus.

Pourtant les cadres ne s'y sont pas trompés lorsque les entreprises ont prôné ce type de politique de GRH. Il s'agit bien d'une promesse affaiblie par rapport à celle de « faire carrière ». Certaines entreprises comme Usinor-Sacilor, Merlin Gerin ou EDF-GDF se sont réellement engagées dans une telle démarche. Mais dans beaucoup d'autres, ces pratiques sont restées au stade des vœux pieux et des discours soi-disant rassurants.

En toile de fond de ce revirement dans la relation entre employeurs et cadres, un point paraît essentiel. Finalement, les entreprises soutiennent ce type de raisonnement : « *Non, nous ne pouvons plus nous occuper de votre carrière mais nous vous proposons des formations. Attention cependant, nous ne vous prendrons plus en charge, à vous d'aller chercher l'information, de consulter le catalogue de formation ou de demander à votre supérieur hiérarchique un bilan de compétence* ». Combien de DRH tiennent de tels propos, combien de documents internes soutiennent ce genre de conception, de façon plus ou moins explicite ! Ce discours ne choque plus beaucoup les jeunes générations, habituées à se débrouiller seules pour parvenir à leurs fins. Mais il est nettement plus perturbateur chez des cadres de plus de 50 ans qui ont été souvent « maternés », surtout dans des grandes firmes auparavant avides de personnels fidèles et reconnaissants.

Le mythe du cadre nomade et sans attache

La nouvelle mode des projets professionnels personnels (PPP) renforce la philosophie de gestion qui se dégage de l'approche dite de l'employabilité. En septembre 1999, *Enjeux Les Echos* ne titraitil pas : « *Prenez votre carrière en main ou comment bouger avec ou sans votre entreprise»* ? « *Apprenez à mieux vous connaître et faites le point sur vos compétences»* grâce à des tests, bilans et autres outils d'évaluation ; « *Acceptez d'être accompagné et soyez plus proactif»*, conseille-t-on dès lors aux cadres en leur proposant de se faire aider par un coach, de faire appel à leur réseau de relations et surtout de s'aider eux-mêmes ! Le PPP renferme toutes ces injonctions et ces préconisations en un seul dispositif de gestion.

Beaucoup d'ouvrages de management prônent la mise en place de cet outil qui doit permettre au salarié de faire son bilan de compétences et de se projeter dans l'avenir, aussi bien du point de vue professionnel que privé. Peu ont eu le mérite comme Catherine Glée, chercheur à l'IAE de Lyon, d'aller voir sur le terrain comment était perçu ledit outil miracle. Sa première grande enquête chez un constructeur informatique n'a fait que renforcer mon scepticisme par rapport à cette démarche projet appliquée au management des hommes. Formation au développement personnel, programme « Piloter votre projet professionnel » et bilan de compétences ont été instaurés. Employée principalement par les cadres, cette politique volontaire appuyée par la direction générale, donne des résultats mitigés. Destiné à clarifier l'avenir et à aider les salariés à faire des choix, le PPP exige de l'implication, une forte capacité à se remettre en cause et à imaginer des scenarii pour un futur souvent flou tant au niveau du travail que de la vie familiale. Aussi très peu de cadres y ont recours (moins de 50 par an) et quand ils le font, c'est pour mieux « mettre en scène » leur fidélité, décoder le marché interne du travail de leur entreprise et certainement pas pour imaginer un avenir ailleurs. Et ce, même si la direction ne cache pas que l'entreprise rencontre des difficultés économiques et que le PPP peut s'avérer utile pour anticiper un éventuel départ et « rebondir » chez un autre employeur ! Comme le souligne Catherine Glée dans la conclusion de son étude : « *Mis en place pour aider les salariés dans leur mobilité, le PPP est dans les faits utilisé non pas pour partir mais pour mieux rester»*[1].

Tous les cadres n'imaginent pas jusqu'où certains experts et responsables d'entreprises sont allés dans l'énoncé du mythe du « cadre sans attache ». Les carrières nomades seraient ainsi les nouvelles formes de mobilité adaptées aux nouvelles configurations des firmes et à l'incertitude des marchés. Ce soi-disant nouveau « *paradigme* » fait largement porter la prise en charge de la mobilité et de l'apprentissage à travers l'expérience, par l'individu et non par l'entreprise : « *mobilité latérale* », « *professionnel en auto-emploi* », « *gestion de la carrière par soi-même* », « *mobilité inter-firme* »… sont invoqués par exemple par Loïc Cadin, professeur à l'Ecole Supérieure de Commerce de Paris (ESCP-EAP) qui s'est fait l'écho de travaux américains sur la question.

Cette figure du nomadisme qui tente d'apprivoiser des cadres aux parcours « atypiques » légitime avant tout une vision ultra libérale du « chacun pour soi et le marché pour tous »[2]. Le nomade serait, dans cette perspective, celui qui multiplie les expériences professionnelles dans différentes entreprises, change de métier, crée son activité, s'arrête de travailler pour se former à temps plein, s'inquiète de sa réputation et de ses réseaux de soutien… Pareils cadres existent, mais ils ne sont pas apparus récemment et surtout ils ne sont pas légion[3]. Les mercenaires – commerciaux à la recherche du meilleur salaire ou expatriés permanents – ne sont pas nés ces dix dernières années ! Les indépendants – professions libérales, artistes… – si souvent montrés en exemple dans les

---

1. Catherine Glée, *Entre le réseau et la toile : intérêt et limites des pratiques individuelle d'orientation dans une entreprise high tech*, Communication au 12ᵉ congrès de l'AGRH, Liège, 2001.
2. C. Falcoz, « La carrière "classique" existe encore », *Gérer et Comprendre-Annales des Mines*, juin 2001.
3. Paul Bouffartigue et Sophie Pochic indiquent que la proportion de cadres ayant changé d'entreprise sur une période d'un an est stable depuis 1971 (entre 5 et 11 % par an) ! Voir : « cadres nomades : mythes et réalités », 8ᵉ journée de sociologie du travail, juin 2001.

© Editions d'Organisation

études américaines, ne représentent qu'environ 10 % de la population active française et troqueraient bien parfois un peu de liberté d'entreprendre contre un peu de stabilité professionnelle !

A moins que, derrière ce nomade se cache celui que les sociologues appellent depuis une quinzaine d'années « l'affinitaire». Diplômé, indépendant, il s'identifie davantage à d'autres sphères d'investissement et de passions qu'à son entreprise. Individualiste, il est en quête de savoir et de nouveautés, entretient de nombreux réseaux dedans et au dehors de son lieu de travail. Il peut rester longtemps dans la même entreprise, mais affirmera fréquemment qu'il pourrait aller ailleurs, faire « autre chose ». En quête de lui-même, il se dit facilement décalé, étudiant prolongé. Ses supérieurs le qualifient en fait d'instable, incertain dans ses engagements même s'il est un professionnel compétent, mais à l'esprit critique et à l'autonomie trop affirmée[1]. On reconnaît aisément ici de jeunes cadres diplômés à la recherche de leur identité professionnelle ou certains cadres de PME-PMI.

Tous les autres, j'en suis certain, sont plutôt à la recherche d'une attache solide, soit avec une entreprise qui leur donnera ce qu'ils souhaitent, soit avec une région géographique. Pour les premiers, il est important de trouver une entreprise plutôt grande, qui offre des règles stables d'évolution et possède des espaces de mobilité suffisants pour avoir une chance de « monter ». Pour les seconds, peu importe si l'on doit quitter son employeur ou se satisfaire d'un travail peu enrichissant, l'essentiel est de rester proche des parents, des amis, des enfants, de sa région natale...

Enfin, il ne faut pas oublier que 28 % des postes de cadres ont été pourvus en 2001 par promotion interne ! Car la carrière des cadres commence d'abord par l'ascension de techniciens, agents de maîtrise et employés ! Si certains secteurs comme la pharmacie sont peu friands de ce type de politique de GRH, d'autres, comme le BTP au sens large, en sont grands utilisateurs. La gestion du

---

1. C. Dubar, « Du modèle affinitaire au processus de conversion : l'identité autonome et incertaine», *in, La socialisation, op. cit.*

« passage cadre » est bien sûr une réponse possible à une pénurie sur le marché du travail. Mais elle constitue aussi un formidable levier d'implication et de fidélisation en direction de l'ensemble des salariés. Après plusieurs années passées dans la même entreprise, certains pourront accéder au statut de cadre qui représente, dans la plupart des cas, un véritable accomplissement. Ceux qui accèdent au statut par promotion interne seront d'autant plus fidèles à leur entreprise qu'ils auront acquis ce « grade » sans avoir effectué de formation diplômante en parallèle. En effet, ils risqueraient d'avoir du mal à faire valoir ailleurs leur talent de cadre. Ce type de pratiques de gestion conduit donc à « fabriquer » des cadres stables, attachés à leur entreprise et à leurs avantages.

Ainsi, on a enterré un peu rapidement la notion de carrière ; pourtant, à l'évidence, de nombreuses entreprises ne souhaitent plus s'engager comme elles le faisaient auparavant dans la préparation et la réalisation des parcours professionnels de leurs cadres. On peut tirer le même genre de conclusion en ce qui concerne le statut. Il est toujours là, mais il traverse une crise bien réelle. Longtemps les cadres ont été ceux qui orchestraient et mettaient en œuvre des changements concernant les autres. Peu à peu, ils en sont eux-mêmes devenus la cible. Ils ne sont plus seulement acteurs et penseurs des transformations mais aussi « agents » subissant les restructurations de services ou les cures d'amaigrissement d'organigrammes. Les entreprises ont tiré les conséquences des remaniements sectoriels et de la modernisation des pratiques de management commencée à la fin des années 70 en France. Les reconfigurations des périmètres et des frontières des firmes ont eu un impact immense sur les cadres et la manière dont ils conçoivent leurs métiers et leurs rôles.

Désormais, il se dessine deux issues possibles à cette crise du statut qui vient faire écho aux bouleversements que traversent les cadres, les entreprises et la société française dans son ensemble. En continuant l'exploration des contraintes qui pèsent sur le travail des cadres, il sera aisé de constater qu'une large part d'entre eux est en voie de banalisation, devenant des salariés comme les autres, aux avantages improbables. Toutefois, une perspective aussi pessimiste négligerait une autre issue plus « heureuse » qui prend forme aujourd'hui à travers les figures des managers et des hommes-clés.

DEUXIÈME PARTIE

La banalisation des cadres, épilogue d'une mort annoncée ?

AU-DELÀ DU STATUT, il semble que tout ce qui distinguait le cadre des autres salariés soit en train de se dissoudre au sein d'un large salariat qualifié qui pourrait rassembler aussi bien une assistante de direction, un technicien supérieur ou un commercial qu'une chef de caisse de grande surface. Cette banalisation s'est renforcée ces dernières années par la conjugaison de trois phénomènes.

Tout d'abord, la loi sur les 35 heures a pour effet de demander à une proportion non négligeable de cadres de travailler avec les mêmes règles de temps et de durée que les autres salariés. Deuxièmement, outre la flexibilité structurelle, certains cadres n'échappent pas à d'autres formes de flexibilité connues depuis longtemps déjà par d'autres catégories socioprofessionnelles : temps partiel, contrats précaires, postes et outils de travail « nomades »... Enfin, les entreprises elles-mêmes s'ingénient à découper en segments leur population de cols blancs pour mieux cibler leurs politiques et adapter leurs efforts de fidélisation en direction de quelques-uns seulement. De ces pratiques de segmentation découle un renforcement des inégalités de rémunération mais aussi de tous les autres dispositifs de gestion.

Chapitre 4

Les cadres vont-ils compter
leur temps de travail ?

Le temps de travail de ceux qui ne le comptent pas, titrait le cabinet Bernard Brunhes Consultants à propos du temps de travail des cadres dans un récent ouvrage[1]. Car tel est le constat dressé à la suite d'une comparaison entre différents pays européens plus les Etats-Unis. Par delà toutes les différences qui peuvent exister entre les managers, les experts et les commerciaux appartenant à diverses nationalités, tous ont en commun de ne pas se définir par un horaire de travail. Comme si dépenser ses heures sans compter était un gage de loyauté envers l'entreprise, une façon d'apprendre en travaillant plus, et aussi une manière de montrer son appartenance à un groupe social supérieur.

La France ne fait pas exception, bien au contraire. Et le fait est d'autant plus surprenant que, du point de vue du droit français, le temps de travail des cadres n'a jamais été différent de celui de n'importe quel autre salarié. Les centaines de procès-verbaux dressés par une inspectrice du travail chez Thomson CSF Radars et Contre-Mesures en 1997, par exemple, étaient une vaine tentative de mettre en plein jour une réalité connue de tous : les cadres en France travaillent bien plus de 39 heures par semaine et ils ne se font pas payer leurs heures supplémentaires. Le forfait heure ou la notion de mission ont souvent été invoqués par les entreprises

---

1. BBC (Bernard Brunhes Consultants), *Le temps de travail de ceux qui ne le comptent pas*, Paris, Editions d'Organisation, 1999.

pour se justifier. Pourtant le droit du travail a toujours été clair : un salarié est payé en fonction du temps de travail qu'il réalise, qu'il soit cadre ou non.

C'est d'ailleurs l'un des derniers éléments fondateurs de l'identité des cadres. Ils ne limitent pas leur temps à la durée légale du travail, et ce d'abord parce qu'ils sont des travailleurs autonomes. Comme le précisait l'un d'eux lors d'un entretien : « *Vous ne croyez quand même pas que je vais pointer et rendre des comptes à mon supérieur sur mon temps de travail. Je ne suis pas ma secrétaire !* » Cette autonomie, si chère aux yeux de certains, les cols blancs la payent souvent au prix fort. Elle est pourtant, à leurs yeux, une marque de confiance donnée aux professions intellectuelles supérieures.

Les cadres et la loi sur les 35 heures

La loi Aubry II a tenté de réglementer ce dernier avantage – certes très relatif. Faisant fi de tout réalisme concernant le rapport de l'encadrement à son temps de travail réel, le Ministère du Travail a choisi la voie législative pour imposer une réduction du temps de travail (RTT) à une large partie des cadres. Se sont-ils mis pour autant à compter leurs heures ? Ont-ils pris l'habitude d'exiger le paiement d'heures supplémentaires au-delà des 35 heures hebdomadaires ? Et les entreprises se sont-elles pliées à une telle obligation alors qu'elles ne l'avaient pas fait auparavant ? On devine que le plus souvent, c'est non !

La loi du 19 janvier 2000, dite loi Aubry II, n'hésite pas à constituer trois catégories de cadres, là où dans la réalité il en existe un plus grand nombre. Ainsi, les cadres dirigeants ont été immédiatement écartés du passage aux 35 heures. Point d'innovation ici, puisque depuis longtemps la jurisprudence se refusait à les considérer comme des salariés à part entière. Sauf qu'en légalisant une telle exception au droit de la durée du travail, la loi a ouvert une brèche dans laquelle certaines entreprises se sont empressées de s'engouffrer. En nommant leurs cadres au sein d'un comité de direction élargi et quelque peu fantoche, certaines directions générales ont ainsi échappé facilement à la réduction du temps de travail qui concerne la deuxième catégorie[1].

Les « cadres intégrés » constituent le nouveau sous-groupe tout droit sorti du chapeau ministériel. Ce dernier désigne tous ceux dont on peut prédéterminer l'horaire et qui travaillent en équipe. Ils sont directement concernés par la RTT. Quant à la troisième catégorie, elle sert de fourre-tout. Les « autres cadres » sont censés connaître eux aussi une réduction effective de leurs horaires mais celle-ci doit faire l'objet d'une négociation collective et repose sur le principe du forfait. Les forfaits en jours sont bornés à la fois par un maximum de 217 jours par an et de 13 heures par jour, soit au maximum 2 821 heures sur l'année. Comme le soulignent Paul Bouffartigue et Jacques Bouteiller, tous deux sociologues, la surprise est de taille puisque les cadres français déclaraient travailler environ 2 000 heures par an avant la promulgation de la loi ! « *On peut se demander comment une loi sur la réduction du temps de travail visant le développement de l'emploi peut, sans rire, rendre possible une augmentation du temps de travail de 1 000 heures et plus, pour environ un million de salariés.* »

Pour ne citer qu'un exemple, chez Infogrames, l'accord sur les 35 heures repose sur des définitions maison qui ont pour avantage de clarifier les trois catégories très vaguement délimitées par la loi. Le cadre intégré est assimilé aux autres salariés et le cadre autonome se définit suivant deux critères : avoir au moins cinq jours de travail nécessitant des déplacements chaque mois ou travailler avec des collaborateurs ou clients se trouvant distants de plus de cinq fuseaux horaires.

Sans pouvoir énoncer toutes les autres contradictions et imprécisions des textes, il est clair qu'une telle disposition est une véritable hérésie. Non pas qu'une réflexion sur le temps de travail des

---

1. L'Observatoire des Cadres indique, dans une étude réalisée en 1999 et 2000 sur 200 accords Robien et Aubry I, que 10 % des cadres ont été placés en position de dirigeant ; *Le Bulletin de l'OdC* n° 8, mars 2002.

cadres soit inutile, au contraire ! Mais vouloir réduire autoritairement et quasi uniformément leur temps de travail, relève d'une utopie centralisatrice dont les tribunaux déjà débordés n'ont pas fini de voir les effets pervers. *Enjeux Les Echos* illustre clairement cet aspect du problème dans son numéro de mai 2001 en rapportant le jugement annulant le volet cadre de l'accord ARTT de Diac (filiale crédit de Renault). Comme l'indique le journaliste Lionel Steinmann, certains accords sont hors-la-loi et les contentieux vont se multiplier[1].

Des inégalités criantes

Finalement, ces mesures d'ARTT aboutissent à un entre-deux qui ouvre la voie à deux situations opposées. D'une part, les cadres dirigeants et les « autres cadres au forfait jour annualisé » conservent leur spécificité, c'est-à-dire qu'ils ne comptent pas le temps de travail. D'autre part, les cadres intégrés se retrouvent dans la situation « banale » des salariés soumis aux 35 heures.

Une autre conséquence majeure de la mise en place des 35 heures est la création d'inégalités criantes entre deux cadres pris au hasard dans deux entreprises différentes. Ainsi, celui-ci, de cinquante ans, ingénieur et directeur informatique dans une moyenne industrie précise : « *Chez nous, on a obtenu 9 jours de RTT, plus 20 minutes de pause par jour, pour passer de 38 à 35 heures. Enfin, tout ça sur le papier bien sûr, car dans les faits, je fais toujours au moins 45 heures par semaine !* » A comparer aux « 25 jours RTT, 4 jours exceptionnels et les congés classiques » obtenus par certains à France Télécom, on admettra que le fossé est impressionnant. Ces jours non travaillés sont à prendre sur l'année ou selon une périodicité définie à l'avance (2 jours par mois par exemple). Plus rarement, la RTT se traduit par une réduction ou une modulation de la durée journalière sauf pour de nombreuses femmes et certains cadres-producteurs aux horaires fixes.

1. « Les cadres et les 35 heures – La bombe à retardement », *Enjeux Les Echos*, mai 2001, pages 98 à 104.

© Editions d'Organisation

Certaines directions générales ouvertement opposées à la loi Aubry II ont aussi tenté de s'affranchir des contraintes légales en incorporant les jours de formation dans les jours de RTT négociés. Dans d'autres entreprises au contraire, la capacité d'un collaborateur à réduire son temps de présence sera valorisée : « *Tous les cadres ne sont pas effectivement passés à 35 heures. C'est d'ailleurs assez mal perçu par la hiérarchie, ces gens qui travaillent trop. Les chefs pensent alors qu'ils ne sont pas organisés, trop pointilleux…* », indique un cadre de la SNCF. L'attitude des entreprises et les résultats des négociations salariales varient donc énormément.

De toute façon, les cadres des PME-PMI sont les grands perdants de ce dispositif législatif puisqu'ils sont souvent en très petit nombre, voire seuls, dans des entreprises de moins de 50 salariés. Une réduction de temps de travail de 10 % ne peut engendrer une embauche. Le pluri-emploi (un cadre à temps partiel chez plusieurs employeurs du même bassin d'emploi) serait une solution pour répondre aux enjeux de la quantité de travail, mais il reste très théorique pour l'instant.

Certains cadres qualifient l'ARTT « *d'irréaliste* » ou de « *dispositif inconcevable et inapplicable* » et continuent à vivre leur temps de travail de façon classique comme le prouvent les propos suivants : « *Lorsqu'on est cadre, que l'on pense gagner suffisamment sa vie et que l'on aime son métier, alors il n'est pas pensable de compter ses heures de travail.* » D'autres se réjouissent au contraire des jours de congés ainsi dégagés : « *Pour moi, les 35 heures représentent une grande avancée sociale… on sera tous gagnants puisqu'on aura d'office des jours de congés, mais le temps de travail ne changera pas, sauf peut-être pour les cadres qui font de la production et qui pourront tenir leurs horaires annualisés sur une base de 35 heures hebdomadaires. Pour ma part, je serai au forfait avec 12 jours de congés en plus ce qui est énorme. J'attends cela avec impatience parce que jusque-là on se faisait avoir !* », déclare ainsi un ingénieur de 41 ans, chef de projet dans une banque. Interrogés en 1999 par le magazine *Liaisons Sociales*, 54 % des cadres sondés estimaient que leur vie professionnelle leur prenait trop de temps et

79 % souhaitaient consacrer davantage de temps à leur vie privée et familiale.[1] De plus, 73% d'entre eux jugeaient devoir bénéficier des 35 heures au même titre que les autres salariés, et 30 % disaient voir leurs horaires de travail s'alourdir. Ces opinions ont-elles pour autant trouvé un écho dans les dispositions sur les 35 heures de la loi Aubry II promulguée un an plus tard ?

Les 35 heures et leurs effets pervers...

Par un cadre de 27 ans de Védior Bis

« *L'unique avantage est surtout la possibilité de récupération par journées RTT qui nous oblige à prendre du temps pour soi. La limite à ce système est que je dois gérer des dossiers plus nombreux. L'accroissement d'activité est récurrent mais pas saisonnière, et dans cette hypothèse il est pratiquement impossible de planifier les jours de RTT ! En outre, les modalités des 35 heures sont appliquées dans l'entreprise en fonction du niveau du cadre et de sa fonction. Ainsi, je suis cadre de niveau 5 et j'ai par conséquent droit au maximum de jours de RTT (comme les employés, assimilés cadres et cadres qui encadrent une équipe) soit 23 jours (2 semaines complètes et 13 jours à prendre séparément). Les cadres de niveau 6 n'ont droit qu'à 10 jours. Cela fait réfléchir en termes de carrière... Et puis, je crains que pour financer cette réduction du temps de travail des cadres, les entreprises ne soient tentées de limiter les hausses de la part fixe du salaire.*»

Parmi le personnel d'encadrement, peu d'entre eux se font d'illusions. Durant les périodes de présence, une intensification du travail se produit en effet, et non une réduction ! Car, pour les cadres, la loi sur les 35 heures n'a, en aucun cas, permis de créer des emplois ainsi que cela était prévu. Un cadre de 45 ans explique clairement la situation : « *L'ARTT, c'est une très très bonne chose. On*

---

1. « Attention ! Les cadres se rebiffent », *Liaisons Sociales*, septembre 1999, pages 17 à 28, sondage CSA auprès de 406 cadres représentatifs en juillet 1999.

a besoin de souffler, de faire du sport, d'aller au spectacle… Mais on paye également assez cher ce temps libéré. Les jours où on n'est pas là, personne ne fait ce que vous avez en charge, personne n'a été recruté pour faire votre travail. Donc, dès le lendemain il faut démarrer plus tôt le matin, finir tard le soir, courir les aéroports… Les journées de travail sont donc plus denses, les repas d'affaires se raréfient et s'écourtent…»

Les dix à vingt jours en moyenne de congés supplémentaires obtenus par les salariés doivent être financés lorsque les entreprises embauchent du personnel, ainsi que le prévoyait la loi. Or en ce qui concerne l'encadrement, ces embauches n'ont, le plus souvent, pas été réalisées. Deux situations cohabitent alors. Pour les cadres réellement passés aux 35 heures, il a bien fallu que les entreprises se posent la question de la productivité horaire des « cadres-producteurs ». Dans l'autre cas, ils ont obtenu des congés supplémentaires mais une réduction du temps de travail variable suivant les situations. Pour le coup, les réflexions sur l'organisation du travail des encadrants ont été escamotées et le statu quo réaffirmé.

La pointeuse ne saurait être la réponse à ce temps de travail morcelé qui dépasse de partout. Dans le train, le week-end, le soir à la maison ou pendant les congés, de nombreux cadres poursuivent leur activité. Les jours de congés supplémentaires risquent, eux aussi, de rester virtuels dans des entreprises qui n'ont rien changé au contenu du travail de leurs cadres. Soit ils ne seront tout simplement pas pris, soit ils seront stockés sur des comptes épargne-temps rapidement saturés, soit enfin, ils seront effectivement pris, mais au détriment de journées de plus en plus chargées.

En faire plus en moins de temps

Pourtant, réduire le temps de travail des cadres impose de réfléchir aux moyens mis à leur disposition pour parvenir à faire au moins autant en moins de temps ! Si les entreprises veulent obtenir une réelle réduction du temps de travail, elles devront stimuler les comportements de délégation et recentrer leurs cadres sur les tâches à haute valeur ajoutée. Certaines directions ont d'ailleurs recréé des postes de secrétariat un peu vite supprimés, afin de délester les managers de nombreuses activités périphériques et administratives. Comme le propose Xavier Baron, directeur d'études au sein d'Entreprise et Personnel, il est possible d'imaginer de nouveaux dispositifs de gestion pour améliorer intelligemment le rendement des experts et cadres-producteurs[1]. Mesurer les contributions plutôt que les absences, parier sur le travail collectif, redonner de l'autonomie de décision aux cadres innovateurs et gestionnaires de risque, repenser l'environnement de travail des « travailleurs intellectuels », sont quelques-unes des pistes avancées.

L'ANACT[2] a proposé d'autres sujets de réflexion qui s'ajoutent à ces pistes. La flexibilité qualitative à travers la polyvalence et la co-responsabilité décisionnelle pourrait représenter une amélioration dans la prise en charge des régulations individuelles et informelles réalisées par les cadres sur leur temps de travail. La capitalisation des savoirs est une autre solution pour éviter de réinventer constamment des méthodes de travail et pour accélérer la circulation de l'information au sein du personnel d'encadrement. Enfin, l'Observatoire des cadres-CFDT rappelle que la restriction des plages horaires des réunions ou la clarification et la simplification des processus de décision, peuvent permettre des aménagements réussis dans l'organisation du travail des cols blancs[3].

De toute façon, les entreprises vont devoir se conformer à la loi et on constate déjà les premières transformations du rôle et du métier des cadres qu'elle a entraînées. Tout d'abord, la mise en place de l'ARTT a multiplié les tâches de régulation du travail au sein des

---

1. X. Baron, « Penser la productivité du travail immatériel et qualifié », *in* Bouffartigue, *op. cit.*
2. Association Nationale pour l'Amélioration des Conditions de Travail (ANACT-Ministère du Travail), article de E. Lefèvre et M. Pépin paru dans *Travail et Changement* de novembre 1998, pages 7 à 15.
3. Lire Le Bulletin de l'OdC n°8 de mars 2002 (supplément à CADRES CFDT n° 398).

équipes. Les cadres doivent passer plus de temps à la gestion de la charge de travail de leurs subordonnés. Pour les managers de première ligne, la RTT des employés et des ouvriers qui leur sont rattachés, se traduit souvent par une augmentation des activités de coordination. La RTT des non-cadres est donc souvent synonyme d'augmentation la charge de travail pour les cadres !

Deuxièmement, pour les cadres concernés par la RTT, le passage aux 35 heures se traduit par une certaine perte d'autonomie. Ils disposent en effet moins librement qu'avant de leur temps de travail et de leur temps hors travail. Ils doivent pointer, afficher leur planning prévisionnel, programmer leurs activités, éléments d'autant plus essentiels pour la dimension collective du travail, que leurs collègues cadres sont, eux aussi, plus souvent absents. Le contrôle de l'emploi du temps est aussi perçu comme une atteinte à cette fameuse marge de manœuvre des cadres par rapport à leur façon d'atteindre les objectifs fixés. Bien sûr, il est facile pour l'encadrement supérieur d'accompagner ce contrôle du temps par un contrôle de la façon dont il est occupé. Les méthodes, outils, compétences mis en œuvre pour réussir tel ou tel projet, sont alors étroitement analysés. Ce contrôle est d'autant plus facile à légitimer qu'il est rendu nécessaire pour surveiller la qualité de la coopération de « cadres à 35 heures » travaillant par définition en équipe. Auparavant beaucoup de cadres se disaient autonomes et sans réelle hiérarchie au-dessus d'eux. Désormais, la marge de manœuvre réduite de certains d'entre eux évacue leur autonomie revendiquée (et fantasmée) souvent haut et fort. Des cadres « inférieurs » sont donc aujourd'hui directement contrôlés sur leur temps et leurs méthodes de travail par d'autres cadres « supérieurs » qui échappent à l'obligation de mesurer leurs horaires !

Une autonomie encadrée

Pourtant il n'est pas certain non plus que les cadres non soumis aux 35 heures échappent à la logique de contrôle renforcé. La loi

Aubry II impose en effet un décompte obligatoire du temps de travail pour les cadres au forfait, que ce dernier soit hebdomadaire, mensuel, annuel en heures ou en jours. Au-delà des cas du badge ou de la pointeuse évoqués précédemment, certaines entreprises recourent au système de l'auto-déclaration des temps. Ainsi, chez Infogrames, les cadres déclarent eux-mêmes leurs heures de travail sur l'intranet chaque semaine, avec un délai maximum de 5 jours après la fin de la semaine écoulée. Et comme le précise l'un des collaborateurs : « *Si les cadres veulent déclarer des horaires bidons, c'est leur libre choix*». A l'auto-censure des cadres eux-mêmes qui s'explique par une volonté de paraître plus performants, s'ajoute parfois la censure des supérieurs hiérarchiques qui veulent respecter officiellement les normes affichées.

Certaines entreprises ont choisi de normaliser et de standardiser aussi le temps de travail des « autres cadres ». Les commerciaux par exemple, même s'ils sont itinérants, sont de plus en plus souvent soumis à des procédures de vérification de leur « tournée », de mesure de leurs « actions » et autres « challenges »… Les portables connectés sur l'extranet de l'entreprise depuis la chambre de l'hôtel le soir, représentent un moyen efficace de contrôles serrés sur des personnels dont les horaires de travail ne sont pas directement vérifiables. D'autres entreprises préfèrent utiliser des outils de reporting ou de fixation d'objectifs pour exercer une pression sur les cadres au forfait ou « dirigeants ». Ceci évite de coûteux systèmes de surveillance et permet tout aussi bien de jouer sur la triple logique : « *Vous êtes déterminés à l'avance sur les objectifs, autonomes pour la mise en œuvre et surveillés sur le résultat* ». Si l'on peut dire, il s'agit là d'une autonomie très encadrée !

Cette fameuse autonomie dans le travail n'a pas disparu, bien sûr. Mais elle n'est plus l'apanage des seuls cadres. Les opérateurs sont de plus en plus polyvalents et il revient aux « cadres encadrants » d'analyser les savoirs détenus par leurs salariés et d'orchestrer la pluricompétence au sein des équipes. Aussi comme l'autonomie et l'organisation de son travail ne sont plus des privilèges de l'encadrement, c'est tout le rapport au temps qui est à reconstruire. Pour les cadres du baby boom, une logique s'était rapidement imposée : « *Pour réussir, il faut que je travaille beaucoup, ou du moins que ma hiérarchie croie que je passe beaucoup de temps au travail* ». Mais il n'est plus toujours possible de raisonner ainsi.

Surtout, les mentalités évoluent. Les femmes et les jeunes en particulier souhaitent réussir tout en ayant plus de temps libre pour leur famille, leurs loisirs… Les 35 heures sont même parfois une aubaine pour les femmes-cadres car elles remettent en cause la norme de disponibilité sans limite exigée par les entreprises envers l'encadrement et réduisent ainsi certaines discriminations. Quant aux juniors, ils sont 69 % à vouloir gagner moins et avoir plus de temps libre, d'après une enquête IFOP-*Les Echos* publiée en janvier 2002. Cependant, femmes et jeunes sont plus que d'autres dans l'obligation de faire leurs preuves. Ils ne renoncent pas pour autant à rechercher une combinaison harmonieuse entre les différentes sphères de leur vie. Aspirations de réussite professionnelle, d'épanouissement familial et social font partie de leur exigeante quête qui refuse tout sacrifice de l'un ou l'autre de ces trois pôles.

Les 25-35 ans parés pour les 35 heures

Toutefois, les pressions d'horaires des clients et des supérieurs, la chrono compétition avec les concurrents, les aléas et les urgences aussi bien internes qu'externes rendent difficiles la gestion équilibrée des temps sociaux. De plus en plus de cadres voudraient limiter cette « débauche de temps » qu'ils se sont imposés pendant des générations, mais il leur est encore très difficile de le faire. Les directions générales sont toujours peuplées de cadres qui ont gravi les échelons en se vouant corps et âme à leur employeur. Elles sont donc enclines à demander le même comportement à la jeune garde montante. Les conflits sur cette question entre les deux générations, celle des 25-35 ans et celle des plus de 50 ans, sont donc forts actuellement. La situation évoluera naturellement, mais les directions d'entreprise qui ne sauront pas prendre en compte les nouvelles aspirations des jeunes managers, auront bien du mal à retenir ceux qui souhaitent construire un équilibre vie profession-nelle / vie privée plus harmonieux.

Un bureau de recherche en sciences sociales parisien s'est penché sur les représentations de jeunes cadres au forfait vis-à-vis des 35 heures, au sein d'un grand groupe de la distribution spécialisée[1]. Leur analyse insiste sur le fait que ces jeunes se servent de l'image du « cadre-qui-fait-de-la-présence » comme d'un repoussoir. Ils veulent d'abord être reconnus comme efficaces. Ils ne souhaitent pas se conformer à ce mythique cadre débordé, surchargé, toujours présent et donc loyal. Pourtant, selon une étude effectuée dans un cabinet de conseil, la figure du cadre surbooké était tellement forte que les jeunes devaient rapidement s'y soumettre[2].

Il semblerait que nous soyons aujourd'hui dans un entre-deux. Des cadres ont réduit leur temps de travail, mais beaucoup ont en fait « gagné » un peu plus de congés contre des journées de travail plus chargées. Les femmes et les plus jeunes ont, dans une large majorité, besoin et/ou envie d'inventer un nouveau rapport au temps, mais des habitudes et des schémas déjà anciens perdurent, exigeant de la présence et des heures. Certains s'auto-exploitent pour mieux se faire remarquer des décideurs et grimper les éche-lons, tandis que d'autres cherchent à s'engager différemment. Des entreprises refusent toujours de se pencher sur la question du temps de travail des cadres, quand à l'opposé, des dirigeants profi-tent des 35 heures pour envoyer un message clair à leurs cadres : « *Restez chez nous ; ici, on se préoccupe aussi de votre bien-être après le travail !* »

---

1. Etude réalisée en 2002 par M. Bonnafous – Boucher, D. de Blic et S. Vandervannet, mbbc.
2. Livian Y.-F., C. Baret et C. Falcoz, 2001, Le contrôle électronique du travail dans la gestion du personnel au contact direct avec le client, 12ᵉ congrès de l'AGRH, Liège.

Il faut reconnaître que le bilan est nettement plus positif du côté de la vie de famille et des loisirs : 50 % partent plus souvent en week-ends courts (contre 20 % pour les ouvriers et employés) et 38 % notent une amélioration dans la conciliation entre vie professionnelle et vie familiale, d'après une enquête de la DARES réalisée fin 2000[1].

Nous reproduisons ici le résumé de l'intervention de Jean Le Gac, directeur des Affaires sociales du Groupe Siemens France, lors du colloque du 26 octobre 2001 organisé par l'Observatoire des Cadres[2]. Il est exemplaire à plus d'un titre. Il montre tout d'abord la multiplicité, la superposition des dispositifs de RTT qu'il est possible de trouver dans une grande entreprise. Ensuite, les propos de ce dirigeant éclairent le travail de recomposition du groupe des cadres qu'entraîne l'introduction du contrôle du temps de travail, ainsi que la diversité des situations entre différentes sous-populations. Surtout, on voit à quel point la question du temps de travail des cadres ne saurait être séparée de celle de l'organisation et des conditions de travail, sans quoi aucune solution ne perdurerait très longtemps dans des entreprises toujours plus en mouvement.

« Siemens est une société qui comporte 12 000 salariés dont 60 % sont des cadres. Le débat sur le temps de travail est globalement neuf à l'intérieur de l'entreprise. Aujourd'hui, c'est à peu près une réalité qui se tient. Dans Siemens SAS… on compte 6 617 salariés. En novembre 2000, un autre accord a été signé… sur le temps de travail des cadres, ingénieurs et techniciens. Il y a plusieurs types de réduction du temps de travail chez Siemens ; par exemple, les 70 dirigeants (il existe en fait plusieurs sociétés) ont obtenu dix jours de congé supplémentaires mais aucune mesure du temps n'étant effectuée, les journées de ces personnes peuvent avoir une plus grande amplitude. D'autres personnels sont badgés à 35 ou 37 heures (c'est la différence entre les non-cadres et les cadres) et ont dix jours de congés supplémentaires. Ceux qui interviennent dans les industries, eux, sont complètement badgés à l'année. Ils doivent faire 1 720 heures annuelles et

---

1. Citée dans le Bulletin de l'OdC, *op. cit.*
2. Publié dans le numéro 8 du Bulletin de cet organisme

ont gagné douze jours de congé. Presque 800 personnes sont mesurées à la journée dont la moitié de cadres. Ils ont gagné treize jours de congé et n'ont pas eu de diminution de salaire ni n'ont bénéficié de stock-options. C'est donc un accord assez exceptionnel avec des cadres qui pointent. Comment se vit cet accord ? Les congés RTT se badgent, mais c'est difficile à vérifier dans les faits. Il est aussi difficile d'assumer la RTT pour les managers. Tout un débat se forme au regard du temps de travail. Il reste des différences entre les cadres et les non-cadres, même parmi ceux qui badgent. Ce sont particulièrement les cadres administratifs qui badgent, et ils ont parfois des difficultés à gérer leur temps. On ne sent pas vraiment, en fait, la différence entre les badgeants et les non-badgeants. Mais la question se pose de savoir si le temps de travail des cadres peut être complètement badgé. »

La loi sur les 35 heures a été à l'origine d'une recomposition du groupe des cadres tout à fait patente. Elle a conduit à une banalisation de ceux qui sont effectivement passés à un régime horaire hebdomadaire et a renforcé les logiques de contrôle et d'encadrement de l'autonomie d'une large partie des cadres « non-intégrés ». Mais le temps de travail n'est pas le seul domaine où l'on peut observer cette tendance à la dilution des cadres dans le salariat qualifié...

CHAPITRE 5

Tous flexibles !

La souplesse des horaires, l'élasticité des structures (gestion par projet par exemple) et la polyvalence, ne sont pas les seules formes de flexibilité qui s'appliquent aux cadres[1]. Inconcevables il y a encore quelques années, les contrats à durée déterminée, à temps partiel, à temps partagé, les missions d'intérim... sont devenus monnaie courante, même s'ils n'apparaissent ni dans les statistiques, ni dans les journaux. Pourtant, les cadres sont 16 % en 1999 à travailler en CDD, contre 7 % en 1993. Le temps partiel a, quant à lui, peu augmenté et ne dépasse pas les 10 %[2]. S'agit-il de formes d'emplois choisies par les cadres, ou simplement subies ? Une fois de plus, ces emplois sont essentiellement féminins ou occupés par des jeunes en mal d'intégration définitive. On le sait, les CDD jouent de plus en plus un rôle de passerelle entre le système scolaire et l'emploi stable. Quant au temps partiel, il est souvent la seule solution pour des femmes ayant à vivre de front travail et maternité. En cela, les logiques de précarité que véhiculent contrats atypiques et temps partiel, sont aussi valables pour les cadres que pour les autres salariés.

---

1. On retient habituellement 4 types de leviers de flexibilité : l'emploi (et ses avatars comme les CDD), le temps (réduit, aménagé), l'homme (polyvalent et mobile) et l'organisation (entreprise en réseau, groupe semi-autonome de production, télétravail...). Pour plus de précisions, voir : Loïc Cadin, Francis Guérin et Frédérique Pigeyre, *Gestion des ressources humaines*, Paris, Dunod, 2002.
2. Sources APEC 1999 citées dans *Le Monde* du 6 mai 2000.

L'intérim cadre commence tout juste à sortir de l'anonymat. En 1999, 12 % des cols blancs déclaraient avoir fait au moins une mission durant leur carrière et environ 7 000 postes équivalents temps plein étaient occupés par des cadres avec un contrat d'intérim en poche. Comme l'indique le quotidien *Les Echos* : « *Le travail temporaire concerne essentiellement deux types de cadres : les jeunes diplômés, soucieux de multiplier les expériences professionnelles ou considérant l'intérim comme un passage obligé vers un contrat à durée indéterminée, et les salariés plus âgés, licenciés économiques, auxquels on recommande de passer par l'intérim pour se réinsérer sur le marché du travail.* »[1] L'intérim peut ainsi être considéré comme un tremplin de carrière, les missions offertes étant souvent complexes et transversales et donc plus rarement proposées en interne à des jeunes peu expérimentés. Dans ce cas, la mission d'intérim s'apparente à du consulting et le passage par une société d'intérim peut jouer le même rôle d'accélérateur de carrière que s'il avait eu lieu dans un grand cabinet de conseil.

Intérimaires d'un nouveau genre

L'intérêt financier de ces contrats qui s'accompagnent d'une prime de précarité d'au moins 10 % du montant brut des rémunérations perçues est un autre moteur. Pour les cadres de haut niveau, le travail intérimaire relève le plus souvent d'un choix professionnel et de vie. Avec neuf mois de mission dans l'année, il leur est possible de gagner autant qu'un cadre en CDI et de jouir de trois mois de « vacances » consécutifs. Le groupe Addeco mais aussi Page Intérim (filiale du cabinet Michael Page) développent depuis quelques années des structures s'adressant aux seuls cadres ou aux dirigeants (Addia Executives ou Page Intérim Executive, par exemple). Expectra ou RHI International sont deux autres sociétés d'intérim qui proposent des missions à des cadres de haut niveau,

---

1. Voir *Les Echos*, « Encore réduit, le nombre de cadres intérimaires s'accroît rapidement », 12/09/2000.

en particulier dans le domaine de la finance[1]. Des postes de directeur administratif et financier, de contrôleur de gestion, d'auditeur, de comptable... sont ainsi occupés par des intérimaires d'un nouveau genre dans des entreprises de toutes tailles. Pour les employeurs qui font appel à ces « missionnaires », la logique de flexibilité est très claire. Les cadres intérimaires sont en effet plus rapides à recruter que des CDD et moins coûteux que des consultants.

Dernier type d'emplois flexibles pour les cadres, la multi-activité qui consiste pour un salarié à avoir plusieurs employeurs simultanément. Un peu plus de 2 % des cadres à temps plein sont multiactifs contre 16 % des cadres à temps partiel. On les retrouve notamment dans les activités immobilières et dans le secteur des services aux entreprises[2].

Derrière ces situations à peu près claires juridiquement, d'autres cas nécessitent de regarder la réalité sous un angle différent : en premier lieu, l'essaimage qui marie la recherche de variabilité des charges de personnel par l'employeur et la flexibilité du cadre lui-même. Sur proposition de l'employeur, le salarié (cadre, le plus souvent) peut transformer un départ forcé à plus ou moins longue échéance en une création d'entreprise. Licencié, il crée son activité avec le soutien de son ancienne entreprise. Celle-ci peut signer des engagements de chiffre d'affaires ou un partenariat économique pour assurer le démarrage de la nouvelle société. On passe ici d'une relation de travail à une relation commerciale, au plus grand bénéfice de l'employeur devenu client ! Le cadre entrepreneur n'a plus quant à lui qu'à assurer son revenu !

Dans un autre registre, en particulier dans le secteur informatique, des entreprises embauchent massivement des cadres qui ressemblent plus à des intérimaires qu'à des consultants ! Ainsi, de

---

1. Voir l'article paru dans *Les Echos* du 18/04/2000, intitulé « Cadres financiers : l'intérim décolle ».
2. Pour plus de précisions, lire « La multiactivité chez les salariés du secteur privé », *INSEE Première*, n° 674, septembre 1999.

nombreux ingénieurs de SSII passent leur temps en mission chez des clients divers. En l'absence de contrat, les inter-missions sont rémunérées et le contrat liant le cadre et son employeur prestataire de service perdure. Mais lorsque les compétences du cadre se font moins rares et les missions moins nombreuses, le licenciement n'est pas loin. A ces salariés situés à la frange de plusieurs entreprises, il faudrait ajouter les consultants mercenaires qui changent souvent de cabinets, se faisant embaucher par leurs anciens clients ou créant un cabinet concurrent avec quelques anciens collègues.

Emplois flexibles, emplois fragiles

Ainsi, le secteur des services aux entreprises renferme des cadres d'un genre nouveau : conseil travaillant seul comme profession libérale ou dans des micro-entreprises (moins de 5 salariés) avec un statut de cadre, collaborateurs externalisés, essaimés, consultants réalisant des prestations de service pour le compte d'employeurs devenus de vraies sociétés d'intérim « de luxe »... sont aujourd'hui extrêmement nombreux. Pour certains, ces emplois représenteront un excellent tremplin vers des postes plus stables dans des industries, des centres de recherche, des entreprises de télécommunication... Pour d'autres, il s'agit de situations d'emploi qui s'éternisent ou qui sont acceptées faute de mieux.

A travers ces profils inédits, apparaît l'image d'entreprises qui ont largement externalisé des fonctions « supports et développement » comme l'informatique, la gestion de projet, le recrutement, le conseil juridique, financier et fiscal... Evidemment, les cadres qui travaillent aujourd'hui dans ces structures ne sont pas à l'abri des fluctuations de la conjoncture économique. Une certaine précarité règne donc aussi dans ces nouveaux services dont on vante souvent les mérites, en fermant les yeux sur l'instabilité permanente qui s'y déploie.

Même si le phénomène est encore contenu, il est désormais impossible d'ignorer l'installation durable des emplois fragiles et flexibles au sein de la population des cadres. Si l'on n'atteint pas, loin de là, les chiffres de l'emploi précaire des autres catégories de salariés, il ne faut pas ignorer l'effet du développement de ces contrats qui introduit une source d'éclatement du statut et d'inégalités non négligeables entre les cadres. Plus ou moins passagères dans la carrière, ces formes d'emplois peuvent en outre se cumuler (CDD à temps partiel). Néanmoins, il ne faudrait pas trop stigmatiser ces emplois. Ils ne sont pas toujours synonymes d'instabilité, de faiblesse des rémunérations et de spirale de la marginalisation. Bien au contraire, certains cadres les choisissent parce qu'ils espèrent ainsi multiplier leurs expériences et montrer aux yeux de leurs futurs employeurs qu'ils sont adaptables et mobiles. Face à une demande de flexibilité croissante des entreprises, le cadre peut donc choisir de répondre par une flexibilité inscrite dans le poste de travail, sans que cela ne devienne nécessairement un handicap.

Des cadres connectés où qu'ils soient

La flexibilité des structures de l'entreprise, des temps et de l'emploi, est aujourd'hui largement utilisée par les entreprises. Mais elles ont aussi la possibilité de l'obtenir en changeant les conditions de travail et les environnements technologiques des postes de travail. Une fois de plus, les cadres n'échappent pas à la mise en œuvre de ce dernier levier de flexibilité. La rapide diffusion des Nouvelles Technologies de l'Information et de la Communication (NTIC) constitue en effet un enjeu majeur pour les entreprises qui souhaitent disposer à tout moment et en tout lieu des compétences de leur encadrement.

Voyons d'abord les outils classiques de l'exercice du métier de cadre : le téléphone et l'ordinateur. Leur miniaturisation et leur portabilité en font aujourd'hui des technologies qui peuvent suivre leur propriétaire partout. Le développement de systèmes d'information en réseau a permis d'optimiser ces outils ; une connexion sur l'extranet de la maison ou de l'hôtel permet au cadre de travailler « comme au bureau » tout en n'y étant pas. Ce nomadisme des dispositifs de bureautique a pu donner lieu à des politiques extrêmes comme la suppression des assistantes et des secrétaires ou encore la recherche d'économie grâce aux « zéro bureau ». Le cadre est plus souvent qu'on ne le croit un télétravailleur masqué. Le cas de cette formatrice en langues d'IBM présenté dans un documentaire sur La Cinquième en est une parfaite illustration[1]. Elle travaille dans un « hôtel bureau » (locaux non affectés disponibles à tout moment) qui se trouve non loin de chez elle. Pour assurer sa mission, elle utilise massivement Internet complété par une webcam pour diffuser ses cours un peu partout dans le monde, et continue en outre à se déplacer régulièrement dans les locaux « classiques » du service auquel elle est rattachée à La Défense. Nous aurions pu citer également le cas de nombreux commerciaux qui s'apparentent à des VRP « relookés » faisant un usage massif des NTIC pour préparer de chez eux leurs « tournées ».

Les NTIC demandent aussi aux cadres de développer leur « agilité informationnelle ». Devant le débit pas toujours très contrôlé d'e-mails ou d'informations sur l'intranet de l'entreprise, le cadre doit pouvoir trier et faire preuve d'une capacité à se fixer une certaine diététique de l'information. Le temps passé à s'informer est-il un temps de travail productif ? La consultation de sa messagerie le week-end pour s'avancer, est-elle une activité rémunérée ? Ces questions rejoignent les préoccupations relatives au temps de travail.

La banalisation des NTIC tend en effet à remodeler les frontières classiques. Quand, dans le train, un cadre travaille sur son ordinateur portable ou programme ses rendez-vous par téléphone avec sa secrétaire, a-t-on à faire à un temps de déplacement ou de travail ? Une fois de plus, le temps de travail légal est vidé de son véritable sens, compte tenu de la perméabilité des différents espaces profes-

---

1. Documentaire en 5 parties de Danièle Dulhoste réalisé en 2000.

sionnels et privés. Astreinte, temps effectif, travail au domicile, temps de présence, temps « à la disposition de l'entreprise » ou encore temps de déplacement, sont de plus en plus interdépendants du fait des innombrables possibilités de connexion entre les systèmes d'information.

A cet effacement des frontières, il faut ajouter la compression du temps rendue possible par les NTIC. Les progiciels de gestion intégrée par exemple (SAP, Oracle, Baan, People Soft…) ont poussé plus loin encore l'intégration des systèmes et la volonté de gérer en temps réel. Les flux tendus, le zéro stock, la chrono-compétition avec les concurrents, l'urgence dans la satisfaction du client, sont des phénomènes bien réels issus d'une technologie qu'on nomme virtuelle. Dans son article de la revue *Cadres CFDT*[1], Yves-Frédéric Livian indique d'ailleurs qu'« *une majorité de cadres a aujourd'hui le sentiment de devoir satisfaire une demande immédiate* » (59% contre 53% en 1997 et 35% en 1984). Si on prend en compte l'abstraction nécessaire à l'utilisation des NTIC, il est aisé de conclure à l'augmentation de la charge mentale du travail de ceux qui utilisent quotidiennement ces outils.

L'interactivité et l'immédiateté de l'information ont donc placé les cadres dans une culture de l'urgence dont ils ne sont pas les seuls à souffrir, mais dont ils se doivent d'être les premiers et meilleurs utilisateurs de technologies porteuses d'une image de pointe. Vivendi-Universal et France Télécom n'ont-ils pas entrepris en 2000 de vastes programmes d'équipement de leurs cadres en ordinateurs portables avec connexion sur l'intranet ?

La hiérarchie s'aplatit

Enfin, suite à cette longue liste d'effets des NTIC sur les cadres, il ne faut pas oublier que ces technologies sont un formidable levier de contrôle. Ainsi, la production de service sur des postes informatisés peut favoriser le contrôle en temps réel et à distance des sala-

1. Revue *Cadres CFDT* n° 398, mars 2002.

riés qui peuvent d'ailleurs être des cadres lorsqu'il s'agit, par exemple, d'une activité de télémaintenance à distance de centraux téléphoniques. Des jeunes ingénieurs subissent alors le flux des appels clients qui s'affichent sur leurs écrans et sont surveillés par leur chef d'équipe tant pour la quantité que la qualité du travail et les délais des réponses techniques faites aux clients[1]. Reste que les cadres sont aussi les premiers à détourner l'usage de ces outils. Connexions sauvages sur des sites « non professionnels », installations de jeux, « chat » entre collègues de divers bureaux... fleurissent et ne sont pas toujours faciles à interdire, la jurisprudence étant très attentive à toute violation de la vie privée du salarié. Des sites comme celui du siège d'EDF Production en région parisienne apportent un début de réponse. Un cybercafé y est en effet installé, permettant aux salariés de surfer sans complexe hors du bureau ! Déjà, des spécialistes, comme le juriste Jean-Emmanuel Ray, appellent à fixer un droit à l'isolement et à la tranquillité au travail ou un droit à la déconnexion au domicile[2], en particulier pour les cadres.

Finalement, les NTIC participent – comme la recherche de flexibilité – à une déhiérarchisation des structures, synonyme de perte de pouvoir pour les cadres des sièges et d'évolution des rôles au quotidien. Ces nouvelles technologies favorisent en effet souvent la décentralisation des décisions au profit des opérationnels. Mais il ne faut pas conclure trop hâtivement : toutes les entreprises n'utilisent pas massivement (loin de là !) les groupwares censés favoriser le travail en équipe, la transversalité ou la gestion de projet. Tout dépend des contextes et des objectifs assignés aux technologies nouvellement mises en place.

Pour certains cadres de première ligne, ce sera, par exemple, l'occasion de réorienter leur mission vers l'accompagnement et la formation de leurs subordonnés en relation avec les NTIC. Pour

---

1. Y.-F. Livian, C. Baret et C. Falcoz, 2001, *op. cit.*
2. J.-E. Ray, *Le droit du travail à l'épreuve des NTIC*, Paris, Editions Liaisons, 2002.

peu que l'entreprise leur en ait donné les moyens, ceux-ci peuvent faire évoluer leur rôle et enrichir leur travail de tâches moins routinières. Le rôle de l'encadrement s'en trouve alors transformé, avec une dimension hiérarchique moindre et une valorisation des logiques d'aide, de soutien et de facilitation. Sources d'intensification du travail mais aussi supports d'une évolution – pas toujours négative – du rôle des cadres, les NTIC participent sûrement à l'atteinte des objectifs de flexibilité accrue que se donnent les entreprises aujourd'hui. Pour les moins bien lotis, ces technologies se traduisent par une perte de pouvoir formel, par une routine accrue des tâches de reporting et de contrôle et aussi par un risque de licenciement plus élevé du fait de l'aplatissement des organigrammes. Pour d'autres, les intranet, group-ware et autres boîtes aux lettres virtuelles sont le signe d'une plus grande autonomie souvent doublée, il est vrai, d'une charge de travail augmentée. Enfin, il y a ceux qui échappent à ces technologies dont ils sont les ardents partisans. Accompagnés d'assistantes et de collaborateurs chevronnés, les cadres supérieurs et dirigeants sont parfois tout juste capables de se servir d'un traitement de texte. Mais pendant combien de temps encore de tels cadres pourront-ils se trouver à la tête d'entreprises ?

Voyager au pays des flexibilités a été l'occasion de découvrir un pan méconnu de l'emploi et des missions des cadres. Plus que jamais, il est évident qu'un nombre non négligeable d'entre eux connaît actuellement des situations de travail proches de celles des salariés non-cadres. Intérim plus ou moins avoué, mercenariat, travail subordonné à des missions et des projets délimités dans le temps, temps partiel... sont tous potentiellement sources de précarité ou tout au moins de risques pour l'emploi à long terme. Autant de problématiques et de situations de travail familières à d'autres types de salariés. Mais c'est au cœur des pratiques de gestion des ressources humaines que se trouve la principale origine des inégalités grandissantes entre les cadres et de l'amoindrissement des avantages relatifs à leur statut.

CHAPITRE 6

Cadres, les entreprises ne vous traitent pas tous de la même manière

Vis-à-vis du temps de travail, la loi Aubry II entraîne des situations de plus en plus contrastées entre les cadres. Les dispositifs de flexibilité s'appliquent de façon très inégale selon divers types de profils. Entre un cadre en CDD à temps partagé sur deux postes, sans bureau et faisant appel aux NTIC, et un cadre en CDI disposant d'un(e) assistant(e), le contraste est plus que saisissant. Mais d'autres inégalités plus « classiques » ne cessent également de se creuser et de s'ajouter à celles déjà évoquées. Les actes courants de la gestion des cadres sont aujourd'hui synonymes de régimes à plusieurs vitesses. Recrutement, formation, rémunération et gestion des départs font tous appel à des pratiques variables selon les firmes, mais aussi au sein de chaque entreprise en fonction de divers critères. Avant d'étudier plus en détail ces différences de traitement, un détour par les pratiques de segmentation des directions des ressources humaines est nécessaire. On s'apercevra alors qu'il y a cadre et… cadre, et que certaines entreprises n'entendent pas consacrer le même temps et les mêmes budgets pour l'ensemble de leur population de cols blancs.

Si les experts en marketing ou en stratégie connaissent bien la notion de segmentation de la clientèle, les gestionnaires du personnel l'utilisent eux aussi. Segmenter revient à créer de la différence afin de poursuivre trois objectifs somme toute très habituels pour un responsable d'entreprise. En découpant par exemple une clientèle de société d'assurance en plusieurs segments selon l'âge des clients, la direction commerciale cherche à mieux connaître les besoins spécifiques de chaque sous-ensemble. En découle une volonté de rendre l'approche client plus efficace et plus rentable par une meilleure allocation des moyens. Ainsi, on évitera de former un commercial à l'assurance-vie si on lui octroie le segment des particuliers de moins de 26 ans. Enfin, troisième objectif, en pratiquant la segmentation, les directions d'entreprise peuvent améliorer le contrôle de l'efficacité des systèmes. En poursuivant l'exemple, les commerciaux auront des objectifs précis et quantifiés sur la vente de produits ciblés comme les prêts étudiants, leur performance pouvant alors être reliée à la satisfaction du segment de clientèle et à leur salaire.

Une gestion à géométrie variable

Les gestionnaires de cadres utilisent la même logique pour tronçonner leur population de cols blancs dès lors que sa taille est suffisamment importante. Les frontières qui sépareront les différents groupes ainsi constitués se rapportent tout d'abord à l'environnement de l'entreprise. En France, la distinction entre les commerciaux, les ingénieurs et les autres cadres est très présente et s'appuie sur les particularités des systèmes de formation (école d'ingénieurs/école de commerce) et des contenus même de chaque métier. Les trois catégories de cadres de la loi Aubry II s'imposent elles-aussi aux DRH. Dans la fonction publique, la séparation entre cadres contractuels et fonctionnaires de niveau A est également présente.

Mais au-delà de ces critères de segmentation, il existe tout un arsenal de distinctions mis en place par les entreprises en fonction de leurs objectifs stratégiques, de leurs moyens et de leurs spécificités. Chez un négociant par exemple, le budget formation destiné aux cadres commerciaux de la force de vente peut passer avant celui d'autres populations d'encadrants. Chez feu Rhône-Poulenc, la gestion des carrières était basée sur une distinction entre différentes filières professionnelles et famille-métier : R&D, économie-finance, commerce-vente…

Derrière ces politiques à géométrie variable, se cachent aussi des acteurs plus ou moins investis dans la gestion des cadres. En effet, plus ces derniers paraissent stratégiques aux yeux des directions générales, plus ils sont l'objet de leur attention. Une entreprise souhaitant accompagner son internationalisation peut ainsi nommer une personne en charge de la gestion des seuls cadres expatriés, voire créer un service complet de gestion internationale des RH. Enfin, qui dit segmentation dit répartition inégale des outils de gestion. L'une de mes recherches a mis en évidence que parmi 42 grandes entreprises, 32 d'entre elles affectaient certains outils de GRH à certains segments de cadres et non à d'autres[1]. Pour prendre l'exemple le plus médiatisé, les stock-options ne sont proposées qu'à un petit nombre d'élus de haut niveau.

Après la période 1992-1994, trois années noires pour le recrutement des cadres, le nombre de postes créés en valeur nette (création - destruction + promotion interne) n'a cessé d'augmenter. Depuis 1997, on est même autorisé à parler de tensions sur le marché des cadres, tant les entreprises disent avoir du mal à trouver les bons candidats en nombre suffisant. Les méthodes de recrutement se sont donc multipliées. Au-delà des outils classiques, plus ou moins discutables d'ailleurs, comme les petites annonces, la graphologie ou les forums dans les grandes écoles, apparaissent d'autres supports et acteurs. Encore confidentiel en 1996, Internet connaît depuis un développement exponentiel. Cadres On Line, l'APEC et bien d'autres sites offrent des CVthèques. Des grandes entreprises laissent la possibilité à des candidats spontanés de leur laisser un *curriculum vitae* en remplissant un dossier d'inscription pré-formaté. S'il ne s'agit pas d'une révolution fondamentale, ce simple changement de support permet une plus grande réactivité des cadres et des employeurs. En revanche, comme l'explique un

---

1. Certains résultats de cette recherche ont été publiés dans le chapitre « Les cadres à haut potentiel ou l'obligation de réussite», *in* P. Bouffartigue, *op. cit.*

article paru dans *Le Monde*, les forums de recrutement virtuels européens – à l'instar de celui testé par Danone – sont certainement pleins d'avenir et offrent de mettre en relation, sans qu'ils aient à se déplacer, candidats et entreprise sur un « stand » virtuel ouvert plusieurs jours[1] durant.

Cependant l'outil Internet renvoie essentiellement à l'embauche de masse. D'autres méthodes sont apparues pour attirer des jeunes diplômés plus rares et des cadres confirmés de haut niveau. Comme beaucoup de ses congénères aujourd'hui, cette femme-cadre de 36 ans a une vision claire de l'étendue des moyens de recrutement qui peuvent être saisis : « *L'APEC est un organisme qui fonctionne bien. Mais bon, pour la carrière, je crois beaucoup au réseau personnel et au bouche à oreilles. Il m'est arrivé aussi de me faire chasser deux fois. Quant aux sites Internet de recrutement en ligne, ils marchent plutôt bien.* »

La chasse ouverte aux talents

Certaines entreprises n'hésitent pas à organiser des forums de recrutement d'une journée à l'APEC ou dans leurs locaux, se terminant par des propositions fermes de contrat de travail. D'autres se font plus aguichantes, organisant un événement d'envergure pour se garantir la présence d'un maximum de jeunes candidats et renforcer leur image de marque. Musées, festivals, grands hôtels, stades ou bars prestigieux sont loués pour l'occasion. La cooptation refait aussi son apparition. Des entreprises demandent à leurs cadres de proposer des candidats et si l'un d'eux passe le stade de la période d'essai, le « recruteur interne » reçoit une prime pouvant dépasser les 1500 euros.

Mais le « must » reste bien sûr le recrutement par approche directe – ou « chasse » – souvent présenté comme le meilleur moyen pour attirer l'oiseau rare. D'abord réservée aux cadres supé-

---

1. *Le Monde* du 17 avril 2001, « Des astuces en tout genre pour séduire les cadres».

© Editions d'Organisation

rieurs et dirigeants gagnant plus de 90 000 euros par an, l'intervention du chasseur de tête s'étend de plus en plus à la recherche d'experts de haut niveau, de diplômes rares ou de profils à fort potentiel d'évolution[1]. Dans certaines professions, se faire chasser est devenu la marque d'une « bonne cote » pour les cadres concernés. Mais ces cabinets intermédiaires du marché du travail rendent aussi la vie des entreprises plus difficile, les poussant à réfléchir aux moyens d'anticiper les mécontentements et de stimuler la fidélité pour échapper à un débauchage de leurs meilleurs talents.

Pour autant, ne nous y trompons pas, tous ces outils et acteurs du recrutement restent l'apanage de grandes entreprises et/ou de profils « hauts de gamme ». Faire appel à ses réseaux relationnels et familiaux, envoyer son CV en vue d'un premier tri puis passer un ou deux entretiens, constituent encore les trois étapes classiques du pénible processus sélectif menant à l'embauche. Dans ce cas, il aura fallu « éliminer » plusieurs dizaines – voire centaines – de candidats pour devenir l'heureux élu. Dans la configuration de l'approche directe, le cabinet présentera « sa proie » à son client avec des arguments d'autant plus convaincants qu'il calculera ses émoluments sur la base d'un pourcentage de la rémunération annuelle obtenue par le cadre recherché ! Finalement, ils ne sont pas encore entrés dans l'entreprise que déjà les cadres connaissent des inégalités dans la manière d'être traités. Très vite, après la phase d'intégration[2], un autre écart va apparaître : celui des salaires.

---

1. Lire l'article dans le magazine des *Liaisons Sociales* de mai 1999.
2. Même dans la phase d'intégration, on peut trouver d'importants écarts dans les pratiques. De la mise à disposition d'un parrain à la mise en place de trimestre de « visite » de l'entreprise en passant par des séminaires d'intégration d'une semaine en présence de la direction générale, l'étendue des scénarios possibles est vaste !

Rémunérations : le système cafétéria

Même classiques, certaines différences sont toujours bonnes à rappeler[1]. Tout d'abord, les femmes perçoivent entre 15 et 20% de moins que leurs homologues masculins. Plafond de verre, maternité, plus faible accès aux fonctions et secteurs les plus rémunérateurs… sont quelques-unes des explications déjà données. Le fait d'être un homme marié et d'avoir au moins un enfant place le cadre dans la meilleure situation de traitement possible par rapport aux hommes mariés sans enfant, aux célibataires, puis aux femmes quelle que soit leur situation familiale. Le fait que celles-ci soient encore largement en charge de l'éducation des enfants en bas âge n'est certainement pas étranger à un tel constat. Les plus diplômés s'en tirent mieux, bien que l'écart n'est pas négligeable si on oppose les titres universitaires à ceux des grandes écoles. Le fossé est de toute façon au maximum d'environ 25% entre les autodidactes et les plus diplômés. L'ancienneté continue à jouer tout au long de la carrière. Le fait de travailler en Ile-de-France intervient aussi à la hausse, peut-être parce que la moitié des cadres français sont des franciliens et que le coût de la vie y est plus élevé qu'ailleurs.

Les fonctions et les secteurs créent peu de différence à l'exception des fonctions de direction générale particulièrement rémunératrices : environ 20% d'écart, mais l'effet positif est moindre dans le cas des femmes. Les secteurs des transports, des services aux particuliers et des services sociaux, peuvent, quant à eux, conduire à un déficit de rémunération de 10 à 20%. Cependant, toutes ces données ne sont que des moyennes effectuées sur de vastes effectifs ne prenant pas en compte les cadres de la fonction publique et les

---

1. Pour ce paragraphe, nous nous basons sur la très sérieuse étude menée par J.-P. Férré et F. Nortier sur la base des 3 738 cadres administratifs et commerciaux, ingénieurs et cadres techniques des secteurs privés et semi-privés à temps complet, tirés de l'enquête emploi de 1997 et publiée dans le bulletin de l'OdC n°6, février 2001.

différences entreprise par entreprise. En effet, le maître mot de la rémunération des cadres est plus que jamais l'individualisation.

Le Panel OSCAR indique qu'en 1999, 29% des cadres ont connu une augmentation individuelle et 24% une augmentation individuelle et collective (34% seulement une augmentation collective et 13% rien !)[1]. A cela, il faut rajouter les 10% de cadres qui ont perçu un versement annuel au titre de l'intéressement. Enfin, il ne faut pas omettre ceux qui ont bénéficié de la « participation aux fruits de l'expansion », d'une prime ou d'une indemnité. Le cumul de tous ces avantages financiers peut atteindre en moyenne 7 000 euros par an !

Au-delà de la partie strictement monétaire de la rétribution, il existe aussi des périphériques comme les avantages en nature. 12% des cadres du panel ont pu profiter en 1999 d'au moins un de ces privilèges : logement, voiture de fonction, téléphone, paiement de charges liées à l'habitat… Là encore, les plus chanceux peuvent ainsi récupérer l'équivalent de trois mois de salaire en sus ! Si les fameux plans de souscription d'achat d'action – ou stock-options – se sont un peu démocratisés, ils ne concernent guère plus de 150 000 cadres appartenant tous aux plus grandes sociétés cotées. Et au sein du cercle de ces nantis, il faut encore distinguer le cas d'un cadre de LVMH par exemple, qui reçoit 25 options, et celui d'un dirigeant de cette même firme qui souscrit un plan de plusieurs dizaines de milliers d'options ! Quant aux primes et autres intéressements versés sous forme d'actions à prix avantageux et placées dans des Plans d'Epargne en Actions, elles représentent aujourd'hui bien plus un piège qu'un véritable moyen de participer aux décisions et au développement de l'entreprise. Les cadres ont bien compris depuis les affaires Enron, France Télécom, Alcatel… que l'actionnariat salarié était un leurre, synonyme de moins-values à plus ou moins brève échéance.

© Editions d'Organisation

---

1. Créé par l'UCC-CFDT en 1995, ce panel comprend 1800 cadres.

Plus globalement, ce que mettent en évidence les rémunérations, c'est l'hyper segmentation conduisant à l'individualisation des pratiques de gestion des cadres. Contrats d'objectifs, entretiens de progrès ou entretiens annuels d'évaluation des performances se sont généralisés aujourd'hui, y compris dans des moyennes entreprises, publiques ou privées et même dans la fonction publique.

Importée des Etats-Unis par Octave Gélinier dans les années 60, la méthode de démultiplication des objectifs stratégiques en direction de chaque salarié conduit à fixer des primes en fonction de l'atteinte des résultats attendus. La direction par objectif a fait entrer dans chaque poste d'encadrement la relation entre rétribution du travail et performance globale de l'entreprise. Ainsi, la part variable dans la rémunération des cadres – et pas seulement celles des commerciaux – peut atteindre 25% du salaire annuel. *« Il y a autant de cadres que de fiches de salaire différentes maintenant. Primes aux modes de calcul plus ou moins variables d'un service à l'autre, avantages divers, abondements à un plan d'épargne entreprise… rendent la gestion d'une grande complexité »*, déclare ainsi un responsable de la paye d'une entreprise de la grande distribution.

Ce véritable « système cafétéria » renforce largement les inégalités entre cadres. Car si les dispositifs de rétribution individualisés se revendiquent d'une objectivité et d'une transparence totales, la réalité est tout autre. Les supérieurs hiérarchiques indécis auront tendance à attribuer une prime moyenne à tout le monde alors que d'autres affecteront des primes d'objectifs à leurs protégés. Le prima du quantitatif dans les critères de mesure de la performance valorise les cadres « court-termistes » sans logique de développement ; la ritualisation des entretiens annuels ou la faiblesse des marges de manœuvre financières en période de récession, entraînent une perte de confiance en l'utilité et l'intérêt de l'outil.

Si l'embauche peut être à l'origine d'une inégalité en début de carrière, la rémunération participe à une longue accumulation de différences qui débouche le plus souvent sur d'importants écarts en milieu de carrière. La formation est aussi génératrice de disparités mais de façon plus différée, sur le long terme et avec des effets particulièrement visibles en deuxième moitié de carrière. Elle constitue en effet un enjeu de renouvellement des compétences essentielles pour les cadres. On le sait, en France, on préfère former les personnes déjà formées ! Les cadres sont ceux qui ont le plus facilement accès à la formation professionnelle continue. Mais, une fois de plus, tous ne sont pas logés à la même enseigne. Par exemple, les cadres promus en interne ou travaillant dans des PME-PMI ont beaucoup moins de chances d'accéder à cet outil de développement[1].

Formations : de la VPC au sur-mesure

Même au sein des grandes firmes, la formation peut se présenter sous la forme d'un « catalogue de vente par correspondance » sans grande originalité ou revêtir ses plus beaux atours en se transformant en château. Si la plupart des cadres ont accès à des formations de quelques jours sur le thème de la conduite de réunions ou les techniques d'expression orale, plus rares sont ceux qui participent à des formations longues au sein d'une grande école de commerce. En outre, toutes les entreprises ne font pas le choix de monter des cycles d'enseignement dans l'enceinte de centres de formation. Accor fut l'une des toutes premières entreprises implantée en France à ouvrir une université interne en 1985[2]. Alcatel dispose d'un splendide grand hôtel sur le bord du lac d'Annecy depuis le début des années 90 où se déroule la plus grande partie de ses formations « corporate » (siège). Le groupe AXA ne possède pas moins de trois châteaux (2 dans le bordelais, un en Virginie). Là, les sessions de formation s'adressent aux managers « *ayant une fonction d'encadrement* » (AXA Manager, une semaine d'information/formation à la culture d'entreprise), aux managers acteurs du changement (programme Colombus, cinq

---

1. Voir article dans *Enjeux Les Echos* d'octobre 2001.
2. Lire à ce sujet l'article de Laurent Choain, « Les tendances de la formation des cadres et des dirigeants », *Personnel*, n° 421, juillet 2001.

jours, environ 2000 stagiaires en quatre ans) aux managers à fort potentiel (Télémaque, 2 mois étalés sur une période d'un an et demi, 25 personnes par an).

Enfin, au-delà de la formation et de la rémunération, une autre source d'inégalités prévaut. Si les cadres ne sont pas tous recrutés de la même manière, ils ne sont pas « remerciés » de la même façon non plus. Dans ce domaine – que l'on nomme pudiquement « la gestion des départs » – comme dans les autres, tout est possible. La question est particulièrement sensible pour les cadres de plus de cinquante ans. Le patronat qui n'en est pas à une contradiction près, appelle souvent à l'allongement de la durée des cotisations retraites mais continue plus que jamais à se débarrasser de ses « vieux » malgré leur capital d'expériences utile à l'entreprise et aux nouvelles recrues. Toutefois, certaines grandes entreprises sont susceptibles d'offrir des fins de carrière honorables. Ainsi, pour gérer sa privatisation et les inévitables changements culturels induits, France Télécom n'a pas hésité à offrir des dispenses d'activité à des cadres de plus de cinquante ans en continuant à les rémunérer à hauteur de 70% de leur salaire net. Ce genre de mesures accompagne souvent les restructurations, les fusions ou plus simplement la volonté de faire des économies rapides, les salariés âgés étant plus coûteux que de jeunes cadres.

Remerciés à cinquante ans

Pour tirer leur épingle du jeu, certains cadres tenteront de négocier d'importantes indemnités de licenciement. Ce type de sortie à l'amiable se fait dans le secret des bureaux des DRH. Les ASSEDIC prélèvent au passage auprès de l'entreprise une importante somme d'argent et le cadre attend sa retraite tout en percevant de coquettes indemnités de chômage. Mais il y a tous ceux qui subissent un plan de restructuration et qui doivent se contenter de l'indemnité légale de licenciement. Le taux de chômage des plus de cinquante ans avoisine les 12%, preuve flagrante que le licenciement des cadres est particulièrement important pour cette classe d'âge ! Et l'aspect pécuniaire n'est pas le seul qui importe. Obtenir un bilan de compétences, un outplacement ou une aide à la création d'entreprise, sont au moins aussi essentiels. Par ailleurs, les conventions collectives sont plus ou moins généreuses et certaines entreprises veillent à conserver une bonne image auprès de l'encadrement. Cependant, il est vrai que chaque cas est différent et que la capacité de chacun à saisir des opportunités et à négocier est déterminante.

On a même vu se développer – certes très timidement – la pratique du détachement, non pas pour de courtes missions à l'étranger comme cela était normalement le cas, mais pour préparer un départ négocié. Pratiquée par de grandes entreprises comme Framatome, Total ou Kodak, cette solution consiste à maintenir la relation juridique avec le cadre tout en le « prêtant » à une PME-PMI sous-traitante, par exemple[1]. D'un mois à un an dans la pratique, la période de détachement peut permettre d'accompagner le cadre jusqu'à son départ à la retraite ou d'essayer une réorientation en milieu de carrière. En cas d'échec dans l'entreprise d'accueil, le cadre est automatiquement réintégré chez son « véritable » employeur. Proche de ce dispositif, d'autres entreprises comme Schneider Electric ou Thomson-CSF ont mis en place des structures de consultants internes et externes pour certains de leurs cadres[2]. A la suite de quelques missions plus ou moins longues, ceux-ci peuvent trouver un poste ailleurs dans le groupe, partir dans une autre entreprise ou encore créer leur propre affaire. Pour ces grandes firmes, cadres détachés et consultants internes représentent des solutions permettant de gérer le sureffectif à la suite d'une fusion par exemple, mais aussi de réaliser d'importantes économies par rapport aux nombreuses missions de conseil effectuées, à des prix souvent élevés, par des cabinets extérieurs. Il s'agit là, bien sûr, d'expériences innovantes en matière de gestion

---

1. Lire l'article dans *Le Monde* du 15 octobre 1997, intitulé « Le détachement, une nouvelle flexibilité encore très discrète ».
2. *Les Echos* du 20/06/2000.

des départs, encore très rares. Elles permettent de sortir d'une gestion uniquement quantitative des effectifs et surtout ouvrent une voie possible de réactivation des compétences des cadres de plus de 45 ans. Reste que dans ce domaine comme dans d'autres, tous les cadres n'ont pas la chance d'accéder à de tels outils de GRH, soit parce que l'entreprise ne les a pas développés, soit parce qu'elle n'en permet l'accès qu'à un nombre limité.

Le renforcement des inégalités entre les cadres, avec un statut qui n'a jamais été aussi peu homogène que ces dernières années, est donc la traduction de relations d'emploi modifiées des entreprises avec leurs cadres. En somme, elles ont appliqué à ceux-ci des recettes déjà éprouvées avec d'autres types de salariés. La flexibilité à tous les étages s'est imposée. Cadres ayant des horaires aménagés et/ou réduits, cadres précaires, vrais et faux intérimaires, cadres autonomes entourés de nouvelles technologies… se retrouvent tout au long de cette échelle hiérarchique malmenée par les restructurations et les logiques de flexibilité organisationnelle ! Pourtant, certains sont toujours cadres dès la sortie du système scolaire. Ils continuent à faire carrière, avec à la clé des augmentations individuelles, des cycles de formation réguliers, le repérage de leurs talents tant en interne qu'en externe. Si segments de cadres il y a, les plus éloignés du « noyau dur » de l'entreprise renferment des cohortes de col blancs similaires à de nombreux égards aux autres salariés, alors que proche de la direction générale se tiennent des cadres aux compétences rares ou aux talents prometteurs.

Ainsi viennent d'être radiographiés les cadres en voie de banalisation : cadres qui comptent leur temps de travail, cadres producteurs sans fonction d'encadrement et travaillant en équipe sous l'autorité d'un homologue, cadres en situation de précarité subie ou soumis à des logiques de contrôle renforcées par les NTIC, tous rejoignent le salariat classique. Ils entretiennent avec leur employeur une relation essentiellement contractuelle, ils veillent à obtenir un juste retour de leurs efforts sans être en mesure de l'exiger tant pèse sur eux le risque de la rupture. Sélectionnés durement parmi des centaines d'autres, ils doivent remplir des objectifs de résultats ambitieux et à court terme, sur lesquels ils n'ont souvent que peu de prise. Ayant accès à quelques formations basiques, ils peinent à maintenir leur employabilité. La mobilité externe, le départ vers d'autres horizons professionnels ne sont guère envisageables car ils sont conscients de ne pouvoir retrouver facilement le statut et le niveau hiérarchique qui sont le leur après de longues années passées auprès du même employeur. Bien sûr, les autodidactes et ceux promus en interne après plusieurs années de « bons et loyaux services » sont majoritaires au sein de ce groupe si proche des professions intermédiaires.

Cependant, il ne faut pas se méprendre. Aucun déterminisme ne saurait être absolu et il existe des bifurcations possibles. Parmi les cadres, certains choisiront une autre voie et sortiront par le haut de cette période de mutation profonde du statut, du métier et de la carrière.

Entretiens avec deux cadres : des anciennes aux nouvelles carrières

Pour terminer cette deuxième partie, voici retranscrits deux entretiens qui illustrent des cas de figure diamétralement opposés : le premier est celui du cadre autodidacte qui, après une carrière sans heurt, a commencé à connaître des problèmes à l'orée des années 90. Viendra en contrepoint, celui d'un jeune cadre au début de carrière très prometteur. Tout les oppose : les liens avec l'entreprise, le rapport au temps, l'investissement professionnel, la manière d'envisager l'avenir... considérés au travers de prismes qui se sont radicalement transformés au cours des vingt dernières années.

L'autodidacte : une longue carrière… brisée

Le parcours de Bernard F. représente l'idéal-type de la carrière réussie du cadre des années 70 et 80. Autodidacte, il a quitté à 17 ans le système scolaire, « *qui n'était vraiment pas fait pour moi*». Durant trois ans, il se formera sur le tas en électronique et occupera un poste de technicien radio/TV. Une fois son service militaire effectué en Allemagne (presque deux ans), il entre chez Philips. En 1971, après la naissance de son unique enfant, il quitte la réparation TV pour devenir expert en systèmes vidéo dans la branche médicale de Siemens. Il suivra un an de formation dans cette grande firme, essentiellement dans le tout nouveau domaine de la microélectronique. « *Je partais toute la semaine et je ne voyais pas souvent ma famille…*»

C'est en 1973 qu'il décide de passer entrepreneur en devenant gérant d'une petite SARL. « *J'avais deux activités en parallèle : d'une part l'installation et la maintenance de matériel vidéo professionnel pour le compte de fabricants, et d'autre part, la vente et la réparation auprès des particuliers de matériel TV et hi-fi.* » Ces cinq années se solderont par un échec auquel le choc pétrolier n'est pas étranger, justification toute trouvée pour les banques qui lui refusent alors les prêts nécessaires à la survie de son entreprise.

Commence alors une carrière de cadre salarié à 32 ans qui s'épanouira jusqu'au début des années 90. Il entre en effet en tant que responsable « courants faibles » dans une petite société d'environ 200 personnes d'envergure régionale. La Téléphonie Lyonnaise vient d'être rachetée par la Compagnie Générale d'Electricité qui deviendra par la suite le groupe Alcatel-Alsthom. Le P-DG est l'ancien propriétaire et il jouit d'une grande autonomie, la société-mère n'exerçant qu'un contrôle financier.

Bernard F. fait valoir un niveau BTS : « *Le diplôme les intéressait moins que mon expérience d'entrepreneur. Tout était à faire dans ce service de vingt personnes qui regroupait l'ensemble des activités annexes au téléphone et aux systèmes électriques. De plus, je m'autoformais depuis longtemps grâce à des kits matériels et des supports de cours pour apprendre des*

© Editions d'Organisation

langages informatiques, tard le soir ou le week-end.» Il possède une large marge de manœuvre dans le choix des produits, la stratégie commerciale et la gestion des budgets. Il devient très vite membre du comité de direction de la PMI en pleine croissance. En dix ans, le service doublera son effectif et représentera jusqu'à 20% du chiffre d'affaires. « *Les marges étaient coquettes car la sécurité, la vidéo-surveillance, la micro-informatique étaient des marchés neufs. En plus, la complémentarité avec l'activité principale était évidente* ». La société lui offre, par exemple, pour accompagner le développement de son service, des formations au contrôle de gestion.

En 1988, c'est au cadre expérimenté qui a fait ses preuves que la société envoie un double signe de reconnaissance. Il passe en effet cadre de niveau III C dans la classification de l'UIMM, ce qui le propulse au rang de cadre supérieur au plus haut indice. Cette promotion statutaire s'accompagne d'un changement de poste. Il devient en effet directeur d'établissement au sein de la toute nouvelle société GST. L'actionnaire a entrepris de fusionner trois sociétés régionales pour n'en faire qu'une ; l'opération ne se fait pas sans mal, les luttes de pouvoir rendant la greffe difficile. « *Cette période fut magnifique mais annonciatrice d'un nouveau système de management qui n'allait pas tarder à me coûter mon poste. Jusque là, je jouissais d'une bonne reconnaissance. Mes relations étaient directes, je pouvais donner mon avis et j'étais régulièrement impliqué dans les décisions stratégiques. Notre grande indépendance était synonyme de stabilité tant du point de vue des hommes que des structures. Pas de parachutage, pas d'interventions permanentes de l'actionnaire… nous avions tous les avantages d'une moyenne entreprise cumulés avec la puissance financière et la renommée d'un grand groupe qui nous laissait en paix…*»

Cette première fusion locale conduit à un élargissement géographique et à une promotion de taille : outre la direction d'un établissement de 120 personnes, Bernard F. dirige les trois agences rattachées et continue à s'occuper du secteur « courants faibles ». Pour accompagner cette prise de poste, la nouvelle direction générale l'inscrit à l'ICG pour une formation diplômante de deux ans

– type Bac + 4 – au management général. La charge de travail s'alourdit encore. « *Il y avait au moins une journée de cours ou de travail en petit groupe par semaine, à laquelle il fallait rajouter une bonne journée de travail personnel et la réalisation d'un mémoire de fin de cycle en groupe. Je n'avais plus de week-end à moi et les vacances étaient juste là pour reprendre des forces. J'entrais dans la quarantaine et ma carrière me prenait énormément de temps* ».

Efforts qui sont compensés par une large augmentation de salaire et l'introduction d'une part variable avantageuse. Cependant, très rapidement l'un des trois établissements fusionnés redevient autonome. Les conflits, les doublons et la concurrence entre certaines équipes se multiplient. Les P-DG, anciens patrons, conservent un pouvoir suffisant pour négocier selon leurs intérêts auprès de la filiale télécommunications du groupe Alcatel-Alsthom. Pour Bernard F., ce sont quatre années passionnantes durant lesquelles il dirige le comité d'établissement, participe à l'élaboration de la stratégie de GST au sein du comité de direction d'une entreprise qui pèse alors pas loin de 1 000 personnes.

Mais le groupe Alcatel-Alsthom traverse des crises de plus en plus rapprochées et son P-DG, en la personne de P. Suard, connaît lui aussi des difficultés[1]. En 1996, GST et les autres sociétés régionales sont fusionnées au sein d'Alcatel Réseau d'Entreprises (ARE). L'intégration se précise nettement, les entités, telles ARE Rhône-Alpes, sont chapeautées par de simples DG. Le siège de GST est supprimé, l'établissement que dirigeait Bernard F. devenant une simple agence installée dans la banlieue lyonnaise. Puis, une autre fusion intervient. Dans une volonté de rationalisation, Alcatel décide de rapprocher deux réseaux concurrents de distribution qu'il détenait. De nombreuses réductions de postes sont effectuées et la fusion est vécue comme un cataclysme. Le visage de l'entre-

---

1. Pour plus de précisions sur l'histoire de ce grand groupe de l'industrie française, voir « Le cas Alcatel-Alsthom » que nous avons publié dans l'ouvrage sous la direction de F. Bournois et S. Roussillon, *Préparer les dirigeants de demain*, Editions d'Organisation, 1998.

prise s'en trouve définitivement changé : « *Le bon vieux temps était terminé pour beaucoup de salariés. Ils avaient l'habitude d'avoir des repères. Les clients fidèles, les collègues devenus amis ou femmes, la hiérarchie stable… ne sont plus que des souvenirs. Les traditions sur les chantiers ou lors des négociations disparaissent. La qualité totale, la rationalisation de l'offre, le recentrage sur les seuls produits du groupe, le contrôle et le reporting mensuel à la maison-mère font leur entrée…* »

Nommé directeur de la diversification, Bernard F. traverse sans trop de difficultés, tout au moins au début, ces changements radicaux. Le département qu'il gère, inexistant chez le concurrent interne qui fusionne avec l'ex-GST, représente environ 80 personnes et 80 millions de francs de chiffre d'affaires, soit environ 25 % du CA total. Pourtant, « *nous avons perdu petit à petit en visibilité. Nous sommes entrés en concurrence frontale avec des branches d'Alsthom. Nous n'avons plus eu le choix de nos fournisseurs, les produits nous ont été imposés par Alcatel. Les audits internes se sont multipliés et nos marges de manœuvre et financières ont fondu comme neige au soleil.* » Mais surtout, ce qu'il commence à déplorer le plus, ce sont les parachutages en provenance des différentes filiales du groupe, les bruits de couloir incessants, les rumeurs de recentrage. « *A trop vouloir mettre à bord des instruments de mesure en tout genre, lourds et coûteux, on finit par faire couler le navire, mais bon au moins, on sait exactement à quelle heure et où… le bateau a coulé !* »

Une commission nationale d'extension des services de diversification à toutes les entités régionales d'ARE est créée par le siège parisien. Bernard F. se voit proposer la mission d'établir un catalogue national au sein de ce groupe de travail qui lui demande de se déplacer souvent entre Lyon et Paris. Mais, « *j'ai vite compris qu'il s'agissait d'un simulacre. Le catalogue pas plus tôt terminé et les services ouverts dans les régions où rien n'existait encore, ils ont décidé de tout céder ou vendre. Le département informatique a été laissé à Alcatel TITN Answare, le reste a été vendu à Clemessy…* »

En 1996, le voilà dépourvu de service. Son assistante de direction qui le secondait depuis bientôt dix ans est affectée à la direction commerciale. On lui propose vaguement de devenir secrétaire général du siège régional, « *un poste de compteur de trombones !* » alors que chaque cadre tente de « *sauver sa peau* ». En position d'être éjecté à tout moment, il se sent mis à l'écart et accusé d'un échec qu'il attribue à « *une succession d'erreurs commises par la maison mère qui a cherché à rationaliser une activité de diversification qu'elle ne connaissait pas et qui avait décidé en toute contradiction que le recentrage était bon pour les actionnaires* ».

Il s'ensuit une dépression à 49 ans, et quatre mois d'une traversée du désert dont il parle encore avec effroi. La confiance est brusquement rompue et la crainte du chômage devient oppressante. Après avoir tout envisagé, une proposition de poste lui est enfin présentée par une grande filiale du groupe qui détient entre autres ARE. Il s'agit, une fois de plus, de monter de toutes pièces une nouvelle activité dans les locaux devenus trop grands d'ARE Rhône-Alpes.

Alcatel Customer Call Center (ACCC) devient en 1996 la nouvelle réponse mondiale à la maintenance des systèmes de télécommunications vendus par les usines du groupe. Grâce à un call center, le client est orienté en direction d'un autre centre d'appel où un technicien assure une réparation à distance. La volonté est, bien sûr, de réduire les déplacements physiques sur site, et par là-même les implantations locales coûteuses en infrastructures. En quelques mois, il faudra installer progiciels et solutions techniques (plusieurs centaines de postes informatiques) et trouver des locaux pour le sous-traitant en charge du call center d'accueil. Rapidement, l'ACCC de Lyon devient la tête de pont d'une prise en charge de tout le sud de l'Europe alors que d'autres centres en France, en Norvège, en Pologne, en Belgique, en Grande-Bretagne, mais aussi aux Etats-Unis et en Australie s'ouvrent.

Avec l'internationalisation de cette solution de télé-maintenance, Bernard F. se voit inscrit à des cours d'anglais qui se déroulent par téléphone et lors de séjours à la campagne d'une journée tous les mois. Les voyages à Paris et à l'étranger se multiplient. « *A plus de 50 ans, je me suis retrouvé bientôt absent de une à*

© Editions d'Organisation

112

trois nuits par semaine de chez moi. Les réunions européennes à Oslo, à Vienne… venaient s'ajouter à la gestion d'un service qui a rapidement atteint les 70 personnes. J'ai dû mettre en place l'impatriation des Espagnols et des Portugais et surtout je n'ai pas cessé de rendre des comptes auprès d'une structure tentaculaire et mondiale. J'étais alors devenu un cadre supérieur exécutant, n'ayant plus qu'une faible autonomie et un rôle d'animation, en partie joué par les chefs d'équipe. J'ai dû assurer des astreintes et autres permanences de nuit lors des grandes opérations comme le passage à l'euro… »

Devant la réussite du projet, de nombreux responsables sont absorbés par « *les vents des alizés qui soufflent tout en haut, non loin de Tchuruk, le P-DG d'une société aux effectifs en chute libre et qui était en train de se séparer d'Alsthom* ». De nombreux anciens subordonnés, jeunes et carriéristes « *me passent devant, deviennent mes supérieurs, me demandant des comptes en proposant des solutions techniques tout en ayant aucune idée du fonctionnement complexe mis en place par le cadre opérationnel que je n'avais jamais cessé d'être* ». Le caractère très centralisé du projet, sa rapidité d'expansion et le soutien qui semble venir des plus hautes sphères du management mondial du groupe, rassure notre cadre : « *Je pensais que ce poste allait me faire tenir jusqu'à 60 ans…* ». Alors qu'il prépare les tests informatiques pour une fusion complète avec l'Italie, il reçoit l'ordre du jour au lendemain d'arrêter l'intégration des systèmes. Fraîchement arrivé, le personnel italien retourne dans son pays après quelques jours d'activité ! Puis, on le prie de recentrer son activité sur la seule France tout en le laissant continuer des cours d'anglais devenus inutiles. La vingtaine de collaborateurs espagnols et portugais sont alors reconduits dans leurs pays respectifs.

Mais déjà, la direction générale lui demande de reprendre une équipe française basée en Belgique spécialisée dans le facility management. « *A ce moment-là, tout devenait clair. Les problèmes boursiers du groupe et la crise mondiale du secteur des télécoms poussaient à recentrer les activités dans le giron des frontières nationales dans le but inavoué de les vendre. Mais en attendant, les stratégies fusaient : on me demanda en tant que responsable de la production pour la France d'assurer le pilotage du changement de tout le système d'exploitation afin d'intégrer toutes les phases du processus, du contact client à la facturation. En même temps, les trois ACCC français sont cédés par Alcatel Business System à ARE France. Je revenais ainsi au point de départ !»* Les revirements stratégiques se succèdent et Bernard F. se demande comment va finir cette aventure. Il décide alors de négocier son départ en profitant d'un nouveau plan de licenciement alors qu'il s'apprête à atteindre le cap fatidique des 55 ans. La négociation aboutit en quelques mois et il part avec l'équivalent de 24 mois de salaire en poche à la fin de 2001. *« Ce fut une opération risquée mais très heureuse, deux mois après ma rupture de contrat, ARE France a été revendue à des Américains alors que les nouveaux systèmes d'exploitation connaissaient des problèmes de développement !»*

Aujourd'hui à 56 ans, à la recherche d'un emploi, il ne se fait plus d'illusion et il profite de sa famille et de sa maison après 38 ans de cotisations !

Il n'est pas nécessaire d'insister sur le caractère exemplaire de ce témoignage. Loyauté du cadre autodidacte et contrat de confiance incarnent bien la relation d'emploi tissée entre Bernard F. et une entreprise à taille humaine. Le début des années 90 et l'intégration à marche forcée dans une grande entreprise plongée dans la tourmente de la gouvernance, de la mondialisation et des spéculations boursières, marque une rupture fondamentale dans cette idylle. D'un seul coup, tous les efforts et les sacrifices consentis ne se voient plus récompensés, la reconnaissance ne peut plus venir d'une entreprise où les responsables changent trop souvent au gré de stratégies déboussolées et d'un désir de flexibilité toujours plus grand.

Un jeune cadre ou l'ascension sans états d'âme

Jérôme G., cadre de 29 ans, incarne quant à lui la figure du junior à potentiel. A son avis, le statut de cadre sert avant tout à obtenir une « *position sociale, tant auprès des amis qu'au sein des entreprises, mais rien de plus* ». Il apprécie cependant, lorsqu'il recherche un nouvel emploi, « *de recevoir des annonces de l'APEC et non de l'ANPE* » ou de « *voter pour le collège cadre lors des élections du CE* ». De toute façon, il a parfaitement intégré que le statut cadre ne le protégeait pas du licenciement : « *Depuis le premier jour, j'ai compris que la société pourrait me virer facilement, à partir du moment où les dirigeants ont pris la décision de me remplacer et même si je suis performant et sympathique à leurs yeux. Dès mon premier job, je leur ai fait comprendre au bout d'un temps que je m'ennuyais et que je souhaitais partir. Je suis allé en vacances et quand je suis rentré ma remplaçante était déjà là ! Je n'avais même pas dit que je partais officiellement ! Quand on s'aperçoit que l'on peut être remplacé aussi vite et sans état d'âme, on cesse rapidement de se croire indispensable !* »

Jérôme a attaché de l'importance au titre de cadre dès le début de sa carrière et il pense d'ailleurs qu'il doit être acquis au plus vite. « *Quand on a un Bac + 5 et que l'on ne commence pas comme cadre dès le premier job, ce n'est pas bon !* » Pour lui, le fait d'avoir obtenu le statut dès son premier poste en CDI a été un avantage. Son conseil aux jeunes diplômés se résume ainsi : « *Négociez le statut de cadre immédiatement, vous n'en aurez que plus de latitude pour discuter en position de force votre salaire par la suite* ».

Titulaire d'une maîtrise Monnaie-Finance-Banque de l'Université Jean Moulin Lyon 2 et d'un Master de l'ESC Lille lui permettant « *d'acquérir un titre reconnu à l'international et d'accéder à un réseau organisé d'anciens* », ce jeune homme a fait un parcours sans faute. Après son service militaire en tant qu'enseignant, suivi d'un an chez Monoprix en CDD au sein du service audit interne, il revient à la finance pour intégrer Bridge, une filiale du groupe Fininfo avec le statut de cadre. Après un an en tant que chargé de clientèle, il demande à réintégrer la maison-mère. Quatre mois plus tard, il se fait chasser et décide d'entrer chez Thomson Financial. Il est alors devenu consultant pour les pays de l'Europe francophone. Quelques mois plus tard, première promotion en tant que vendeur pour cette zone géographique. « *Six mois après ma nomination comme vendeur, je suis passé « sales manager » et ça, c'est l'ascension fulgurante d'un jeune cadre !* » Suite à une fusion avec un concurrent, il redeviendra simple vendeur au sein d'une équipe élargie. Une autre réorganisation interne le pousse enfin à répondre aux sirènes des chasseurs de tête et à partir en négociant un licenciement très avantageux financièrement. Il occupe depuis avril 2002 un poste basé à Londres en tant que « Country Manager » pour la Suisse dans une petite entreprise de 150 personnes.

Les attraits d'un poste à Londres sont pour lui très clairs. Il s'agit d'un « job» exposé mais aussi d'un tremplin pour d'autres missions aux responsabilités accrues. Il a bien compris qu'il ne resterait pas responsable de la Suisse plus de deux ans et qu'il trouverait sans difficulté sa place dans les nombreux projets de croissance internationale si sa performance est à la hauteur des attentes de son employeur. « *Je pars vraiment là-bas pour l'expérience... J'ai envie de rajouter une ligne internationale à mon CV, de mieux parler anglais, de vivre dans la capitale financière et d'avoir une vision plus vaste de la Finance parce qu'à Paris c'est petit quand même ! 60 % des transactions européennes se font à Londres ! C'est vrai que j'ai fait des concessions sur le salaire. J'ai négocié pratiquement 40 % de plus qu'à Paris mais comme la vie est pratiquement 3 fois plus cher là-bas ...* »

Outre une certaine perte de pouvoir d'achat, il entrevoit les aspects négatifs de sa position, surtout en ce qui concerne la protection sociale. Il perd dix jours de vacances. Il sait que s'il n'atteint pas les objectifs commerciaux très stricts fixés contractuellement, il peut être « *viré en quelques minutes*». Mais il a le parachute du système français puisqu'il peut toucher les ASSEDIC s'il est mis à la porte. C'est aussi un marché du travail moins cloisonné que celui de la France qui l'a tenté : « *J'ai toujours travaillé dans le technico-commercial et j'ai bien compris qu'il est très difficile de changer de métier en France. Ni les entreprises, ni les chasseurs ne veulent prendre un tel risque.* » Il laisse aussi, en passant de l'autre côté du Channel, les fameuses 35 heures gagnées de haute lutte dans son ancien poste.

Il a en effet vécu le passage aux 35 heures chez son précédent employeur. L'aménagement du temps de travail consistait en une réduction d'une heure par jour. *« C'est complètement ridicule parce qu'un commercial ne peut pas partir à 17 heures. Si un client appelle à 17 h 15 et qu'on lui réponde « Ah, non, il est rentré chez lui ! », ce n'est tout de même pas sérieux ! Moi, je partais plutôt vers 21 heures que vers 18 heures ! Par contre, à la longue, tout le monde est arrivé à 10 heures ! La direction a tenté d'intervenir, mais personne n'a appliqué les consignes et il y a eu une vraie rébellion chez les cadres. Le boss arrivait donc le matin dans des bureaux vides, ce qui était pire lorsqu'il s'agissait de l'actionnaire américain. La direction ne souhaitait pas que les cadres aient trop de vacances par rapport à nos collègues d'outre-Atlantique avec lesquels je travaillais quotidiennement ! Imaginez qu'à 17 heures il est 11h à New York et 16h à Londres ! Comment travailler dans ces conditions ? Au bout de six mois, la direction nous a accordé 12 jours de congés supplémentaires et deux heures en moins chaque semaine. C'est ce que j'ai fait. Ils n'ont pas très bien pris la chose, mais je m'y suis tenu. J'étais totalement pour les 35 heures mais je reconnais que dans le travail en équipe cela devient vite un problème, par exemple lorsqu'on a besoin d'un informaticien ou lorsqu'il n'y a plus personne à l'accueil… »*

Ce jeune cadre est aussi représentatif des nouvelles sources d'implication au travail et d'un nouveau rapport au temps qu'une grande majorité de managers de génération montante expriment aujourd'hui. *« L'argent reste une motivation de base parce qu'il permet de faire beaucoup de choses en dehors du travail ! Je suis un bon commercial, ce qui me donne une assurance contre le chômage. Mon travail n'est pas aussi riche que si j'avais d'autres postes comme responsable de fusion-acquisition dans un cabinet international, mais il est très rémunérateur. »* L'indépendance, l'autonomie, le risque et les défis sont des termes qui reviennent souvent dans son discours pour expliquer sa décision de mobilité et ses motivations profondes. L'équilibre vie privée-vie professionnelle est aussi un critère qu'il surveille de près. Son rapport au temps n'en est pas moins très élastique : *« J'aime bien travailler en fait par à-coups, par exemple pendant plus d'un mois je ne vais faire que mon boulot à fond à raison de 60 heures par semaine, et ensuite, pendant deux mois, comme j'aurai réalisé pratiquement mes objectifs, ça va être beaucoup plus cool et je vais plus profiter de mes soirées, de mes week-end, etc. J'ai toujours travaillé sous pression. Ce qu'on mesure en fait c'est l'efficacité d'un commercial non pas parce qu'il est sympa ou présent mais parce qu'il ramène de l'argent !»*

Enfin, à la question de savoir comment il imagine l'avenir, il ne rêve pas vraiment d'ascension fulgurante et ne souhaite pas se projeter trop à long terme comme le ferait un cadre à haut potentiel de 35 ans appartenant à une grande entreprise. *« Mon objectif de carrière… Soit j'arrête tout à 35 ans car j'ai assez d'argent de côté pour créer ma société, soit j'aurais bien fini par intégrer un grand groupe mais pour vendre des produits de très haut niveau. Je n'aimerais pas être patron de plusieurs milliers de personnes avec des directeurs généraux sous ma responsabilité ! Ce n'est pas du tout ce qui me fait fantasmer ! Je préférerais être patron de 10 à 20 personnes dans un domaine vraiment spécifique, pas de management général mais plutôt être un expert de haut niveau responsable d'une équipe à taille humaine… Je n'imagine pas trop ma carrière à 10-15 ans. Je pense que mon expérience londonienne saura la pousser un peu. »*

TROISIÈME PARTIE

Les managers, nouvelle figure de proue des cadres

APRÈS DIX ANNÉES DE TOURMENTE, les cadres sont-ils finalement devenus, contraints et forcés, des salariés comme les autres ? La banalisation est-elle une voie sans espoir de retour, sans alternative ? Certes non. Car tout un pan de ce groupe social est en train de « sortir par le haut » de cette période troublée, connaissant aujourd'hui une situation enviable faite de projets d'avenir positifs. Mais une chose est sûre, les cadres ont dû, pour emprunter la route du succès, accepter une mue sans précédent.

Les entreprises, en redéfinissant leurs exigences en termes de profils et de compétences, ont largement contribué à dessiner les contours d'un « nouveau cadre » fortement apparenté au manager anglo-saxon. Il faudra décrire cet encadrant du troisième type pour mieux mesurer la distance qui le sépare de son homologue de l'ancienne génération ou du cadre « banalisé » actuel. La nouvelle figure, attractive et mythique pour l'ensemble des cols blancs, qui incarne le mieux la réussite, est le cadre à haut potentiel.

Toutefois l'image idéalisée du manager au potentiel identifié et à la carrière promise doit être à son tour dépassée. Il y a un prix à payer pour réussir, même pour ceux qui ont la chance de quitter le monde des cadres pour celui des dirigeants. Le stress ou l'envahissement des espaces privés constitueront deux exemples parmi d'autres des pièges qui guettent les nouvelles « forces vives » des entreprises de demain.

CHAPITRE 7

Les « nouveaux cadres » sont arrivés

Pour dresser le portrait du « nouveau cadre », il faut revenir une dernière fois sur l'ancienne figure en voie de disparition et sur l'entreprise type qui l'employait. Comme l'a bien décrit Michel Spielmann – ex-dirigeant, formateur et consultant –, le cadre « ancienne formule » tirait sa légitimité d'abord de ses compéten-ces-métier[1]. Le modèle de l'ingénieur a été pendant longtemps une référence pour les gestionnaires. En début de carrière, le cadre devait éprouver sa culture technique. En cas de réussite, les employeurs nommaient en priorité au poste de chef de service des collaborateurs ayant accumulé de l'expérience dans des tâches de « production » plus ou moins collectives. Ce chef de service était avant tout celui dont les subordonnés reconnaissaient la maîtrise du métier. *« C'est un bon chef, il connaît ce que l'on fait et il peut nous donner un coup de main »*, pourrait être une phrase sortie tout droit de la bouche d'ouvriers, de contremaîtres ou de techniciens supérieurs parlant d'un cadre responsable d'équipe de l'époque. L'autorité qu'exercent ces ingénieurs et cadres n'est alors pas très éloignée d'une conception militaire du commandement. La hiérarchie est le repère qui fixe les rapports de force, les allégeances et les responsabilités. L'image, certes caricaturale, du directeur d'usine régnant sur de vastes « troupes » d'ouvriers, est prégnante et continue à impressionner les esprits au moins jusqu'à la crise

---

1. Michel Spielmann, *Quel avenir pour les cadres ? – l'encadrement dans l'entreprise de demain*, Paris, l'Harmattan, 1997.

pétrolière de 1973. En passant, ce cadre – officier au service de l'entreprise nécessairement privée – n'aurait pu être une femme ou syndiqué (sauf peut-être à la CFE-CGC).

Les anciens : une caste loyale et protégée

La fidélité constitue indubitablement le dernier critère du profil du cadre de l'ancien système. Loyal, attaché à l'entreprise dans laquelle il fait le plus souvent toute sa carrière, il approuve les décisions stratégiques prises par sa direction générale dont il est le prolongement naturel. Echappant aux licenciements secs, assuré d'une progression salariale et de responsabilités dans la plupart des cas, il se donne sans compter. Le contrat tacite est, selon lui, équilibré, et la confiance en son employeur élevée. Il montre son attachement par une disponibilité de tous les instants, toujours présent au bureau comme dans les soirées professionnelles (de l'arbre de Noël en passant par les innombrables pots de départ et d'arrivée) et autres manifestations d'entreprise (séminaires de travail à l'étranger avec la direction générale et les épouses, voyages « d'agrément » avec les clients, nombreux repas d'affaires…)

Bien sûr, diplôme et statut sont à l'époque très liés. Les détenteurs d'un titre de l'enseignement supérieur accèdent directement au statut alors que la cohorte des autodidactes devenus cadres-maison fournissent le contingent des encadrants de première ligne. L'identité statutaire est donc très importante, certains n'hésitant pas à inscrire par exemple dans la région grenobloise « cadre chez Merlin Gérin » sur leur boîte aux lettres ! Les emplois précaires sont inconnus d'eux et la flexibilité touche davantage les autres salariés que leur « caste » relativement protégée.

La vie de tous les cadres d'avant la crise n'est pas pour autant paradisiaque ! Le fameux ouvrage du sociologue Luc Boltanski, intitulé *Les Cadres - La Formation d'un groupe social*[1], commence et

---

1. Luc Boltanski, *Les cadres - la formation d'un groupe social*, Paris, Les Editions de Minuit, collection Le sens commun, 523 pages.

se termine par un entretien réalisé d'abord en 1977 puis en 1981. Le récit de cet ingénieur ayant une quinzaine d'années d'expérience, fils de boucher issu d'une « *petite école* », est loin de retracer un itinéraire jonché de roses. Etouffé sous le poids de hiérarchies fondées sur les diplômes, il entre « *sous-ingénieur* » car il n'est pas titulaire d'un titre scolaire suffisant. On le laissera plusieurs fois « *derrière un bureau sans rien faire* » et ce, pendant des mois, dans le but de le pousser à la démission. On l'autorisera à faire du commercial, mais ses succès dans le développement de nouveaux marchés seront toujours récupérés par d'autres, « *parachutés* » par une direction générale dont il se sent souvent éloigné. Car les entreprises dans lesquelles il est amené à travailler sont dirigées par des patrons de « *droit divin* » ne cachant pas leur appartenance à la grande bourgeoisie, et dont il ne détient ni les clés de lecture ni les codes…

Un autre point saisissant de ce récit se révèle lorsqu'il décrit une multinationale privée à la culture anglo-saxonne marquée, « *une boîte merveilleuse, une entreprise formidable* ». La puissance de « *La Compagnie* » lui assure une sécurité de l'emploi, du prestige, des avantages nombreux, une certaine fierté d'appartenir à une firme aux produits de qualité et au management moderne… Le modèle de l'adhésion sans bornes qui se développe dans cette entreprise à la culture forte n'est pas sans rappeler le fameux cas « *TLTX, mon amour* » relaté tout au long de l'ouvrage intitulé *L'emprise de l'organisation* réédité déjà cinq fois[1].

Les années 80 : les grand-messes de P-DG gourous

La période 1975-1985 connaît en effet un incroyable développement du management par la culture. Les directions générales des grandes firmes vont jouer les apprentis ethnologues en manipulant valeurs, normes, croyances et autres mythes fondateurs. Les chartes culturelles, les projets d'entreprise, les « grand-messes »

---

1. Pagès M. *et alii*, 1979, *L'emprise de l'organisation*, Paris, PUF, 261 pages.

125

prestigieuses réunissant le ban et l'arrière-ban des managers subjugués par leur « P-DG gourou » vont se répandre et poursuivre un même but : s'assurer l'adhésion sans faille aux objectifs stratégiques de l'encadrement, mettre l'entreprise au cœur de la vie des salariés et bâtir une idéologie de l'excellence. Jean-Pierre Le Goff, philosophe et sociologue, relate avec force détails les cas d'entreprises ayant utilisé le levier des valeurs. Challenges en tout genre, cercles-qualité, projets éthiques, principes d'action sont écrits, discourus, assénés chez Bouygues, Cointreau, les AGF... [1] Il est vrai que les managers français s'ouvrent tout juste aux grands marchés internationaux et sont fascinés par le modèle américain. Les pionniers de l'implantation en France des méthodes de management par la culture sont d'ailleurs des sociétés comme Rank Xerox ou IBM. A cette référence d'Outre-Atlantique oppressante, s'ajoutent le nouvel ennemi japonais et le sentiment d'infériorité vis-à-vis de l'Allemagne de l'Ouest qui ne s'éteindra vraiment qu'au cours des années 80.

Cette excellence à la mode – vantée dans une prophétie mensongère de Peters et Waterman[2] et lue par des dizaines de milliers de managers – fera cependant rapidement l'objet de critiques. Certaines grandes entreprises se font envahissantes et tentent d'occuper toute la place, en remplaçant la famille (l'entreprise-mère), l'Eglise (le marché comme religion), la profession (le cadre appartient d'abord à la firme), les communautés culturelles (le salarié mange, fait du sport, va en vacances avec et dans l'entreprise), ou encore le système scolaire (est excellent celui qui réussit quelle que soit la formation d'origine)[3]. Ce néo-paternalisme – que l'on a vu resurgir avec les éphémères start-up – sera le dernier avatar de

---

1. On aime ainsi dans ces listes de principes, les verbes conjugués à la première personne comme : j'anime, j'analyse, je négocie, j'assume, je gagne, je tranche, je m'adapte, je suis responsable et autonome, je collabore, j'améliore, j'ai le courage de ... Voir J.-P. Le Goff, 1995, *Le mythe de l'entreprise*, Paris, La Découverte, collection Essais, 308 pages.
2. Peters T. J. et R.H. Waterman, *Le prix de l'excellence : les secrets des meilleures entreprises*, Paris, Interéditions, 1983.

© Editions d'Organisation

l'entreprise telle qu'elle s'est épanouie en France à partir des années 50. Il cherche à obtenir le dévouement, le sens du sacrifice et à maintenir une harmonieuse culture d'entreprise. Les dissensions, les conflits de valeurs ou d'intérêts sont du même coup bannis. Car l'ennemi est à l'extérieur et il ne faut pas se montrer faible ou divisé dans la « guerre » menée contre les concurrents. C'est dans ce contexte que se déchaîneront les licenciements individuels de cadres pour cause de « mésentente sur la stratégie » ou de « perte de confiance ».

Les mythes de l'action (contre la réflexion) et de la réussite à tout prix forgent l'image d'un cadre chevalier attaché à sa seule entreprise. Les formations sur les valeurs de l'entreprise, les stages hors-limites (survie, saut à l'élastique…), la mise sous pression permanente, les logiques d'urgence… construisent l'image cohérente d'une époque où l'entreprise est trop rarement remise en cause dans ses excès. Certes, tous les cadres ne travaillent pas dans de tels environnements professionnels. Mais ils vont souvent rêver d'appartenir à de telles entreprises qui se font séduisantes, attractives, et surtout qui fidélisent tant que l'on est totalement à leur service. Pourtant, ce cadre compétent, dynamique et autoritaire, fidèle et évoluant dans un environnement stable, est à coup sûr une espèce en voie d'extinction. A quoi ressemble donc son successeur ?

D'abord, c'est un cadre qui se laisse beaucoup moins qu'auparavant prendre au jeu de l'appartenance aveugle. Conséquence des licenciements massifs intervenus dans cette catégorie, les sacrifices consentis n'ont en effet plus trouvé leurs équivalents positifs. Une distance s'est établie, surtout chez les plus jeunes. La loyauté s'accompagne dorénavant de vigilance et de faible attachement à long terme. Le « nouveau cadre » met en concurrence les employeurs potentiels, se soucie plus que jamais de ses droits et

---

3. Voir la très juste critique faite par Nicole Aubert et Vincent de Gaulejac des méfaits des logiques d'excellence durant les années 80, *Le coût de l'excellence*, Paris, Seuil, 1991.

exprime des exigences en termes de rémunération et de reconnaissance, en échange d'un travail non dénué de passion et de responsabilité, mais borné par d'autres engagements (familiaux, associatifs, politiques…).

Le nouveau cadre : un salarié compétent et adaptable

Bien que se sentant de plus en plus éloignés des dirigeants – qui se sont eux rapprochés des actionnaires –, les cadres ont toujours pour mission de démultiplier les objectifs généraux. Avec un bémol, celui de pouvoir exprimer les désaccords qu'ils ressentent. Surtout, étant plus près des autres salariés, les « nouveaux cadres » ne jouent plus nécessairement le jeu, avouent leur désarroi quand il y a lieu et essaient la transparence vis-à-vis de leurs équipes.

« Les rôles du cadre ? Il est un relais entre la direction et les opérationnels, il est le vecteur de la stratégie de l'entreprise mais aussi un outil de propagande de la direction, ce qu'il peut mal vivre aussi en cas de désaccord », résume cet ingénieur de 41 ans de la Caisse d'Epargne dont la vision du métier d'encadrant est largement influencée par son poste de chef de projet : *« Disponible et exemplaire, il est proche de son équipe qu'il responsabilise et dont il cherche à promouvoir chaque membre. Rigoureux, leader, il possède des qualités professionnelles s'appuyant sur les valeurs de l'entreprise. Il doit être honnête, équitable, il inspire confiance en donnant droit à l'erreur »*. Nous voilà loin du chef, dirigeant et sanctionnant du haut de son titre !

Lors d'une enquête conduite à plusieurs en 2000, il a été demandé à des managers ce qui était indispensable pour réussir dans l'entreprise. La réponse est sans appel : il faut d'abord « bien décrypter le système », puis « s'engager à fond » et enfin « accepter de jouer le jeu » (au moins officiellement). D'autres items comme la « loyauté », l'« anticipation », la capacité de « se mettre en valeur » ou encore celle de « nouer des relations » arrivent loin derrière, reléguant en deuxième position les vieilles valeurs de l'attachement indéfectible à l'entreprise. En revanche, maîtriser les contradictions, faire face aux incohérences, affronter l'incertitude ou ressentir des difficultés à anticiper, sont des réponses souvent plébiscitées[1]. Plus de doute : nager dans le flou ou assumer ses missions sans grande visibilité devient une nécessité pour le manager qui doit en outre dégager de la valeur ajoutée et motiver son équipe ! De cette ère des paradoxes et des contraintes, les cadres en savent quelque chose !

Deux mots semblent parfaitement résumer la transformation à l'oeuvre depuis plus d'une dizaine d'années : adaptabilité et leadership. Dans un environnement économique mouvant, le cadre se doit de posséder de bonnes capacités d'apprentissage. Non seulement, il doit être en mesure d'apprendre de nouvelles techniques comme par le passé, mais il doit pouvoir aussi intégrer de nouveaux comportements face aux clients ou faire siennes les valeurs d'un nouvel actionnaire majoritaire. Il s'agit donc bien d'une adaptabilité – d'une plasticité – qui englobe tous les registres, qu'ils soient cognitifs (les savoirs), liés à l'expérience (les savoir-faire, les aptitudes professionnelles) ou aux attitudes (les savoir-être[2]). « *Etre cadre c'est réfléchir, c'est anticiper, c'est prévoir. Il s'agit d'un métier très polyvalent basé sur le savoir-être, pour lequel ce qu'on fait est aussi important que la manière dont on dit les choses. Et le courage de dire aussi… Trouver une solution à un problème plutôt qu'un coupable, c'est très important dans le management* », résume une femme-cadre interrogée.

Le cadre n'est donc plus le représentant du personnel qualifié de haut niveau ; il est devenu un salarié dont l'entreprise attend qu'il soit compétent et adaptable. Le diplôme et les connaissances acquises, la mise en œuvre des principes théoriques dans la pratique d'un métier ne suffisent plus. Les comportements, les attitudes, les croyances sont entrés de plain-pied dans la gestion des

---

1. H. Laroche, L. Cadin et C. Falcoz, *op. cit.*
2. Pour une tentative d'explicitation de cette notion, voir l'ouvrage de Sandra Bellier-Michel, *Les savoir-être dans l'entreprise - utilité en gestion des ressources humaines*, Paris, Vuibert, collection Entreprendre, 202 pages.

cadres. Cette déconnexion entre maîtrise du métier et encadrement de professionnels est clairement identifiée par une DRH travaillant au sein du groupe BP : « *Certains cadres possèdent la même compétence technique que ceux qu'ils encadrent. Mais on voit aussi apparaître de plus en plus de managers qui n'ont pas forcément la compétence technique des personnes qu'ils gèrent, mais qui ont la faculté et le recul suffisant pour faire fonctionner une équipe. Un cadre peut s'appuyer sur les aptitudes de son équipe sans pour autant avoir toutes les connaissances nécessaires pour remplir les postes de ses subordonnés.* »

Le nouveau cadre : un animateur plutôt qu'un chef

Qui dit adaptable, dit aussi polyvalent et mobile. Non seulement le « nouveau cadre » doit maîtriser un métier mais il doit surtout pouvoir le transmettre, l'ouvrir sur d'autres horizons connexes, voire en changer. D'où l'importance, aujourd'hui, des injonctions de mobilité des entreprises envers leurs cadres. La carrière ne peut plus être strictement verticale. Le cadre doit être capable de se déplacer entre plusieurs fonctions mais aussi, plus classiquement, géographiquement. Propositions de mutation ou d'expatriation se sont donc naturellement renforcées dans un contexte d'internationalisation.

L'immense littérature sur les leaders et les exigences répétées des entreprises envers leurs cadres pour qu'ils deviennent de véritables entrepreneurs, converge pour dessiner un profil largement renouvelé. La médiatisation des leaders d'entreprises qui caractérise notre époque, tend à mettre en avant des figures de cadres dont l'aptitude commune est de signifier la volonté d'entreprendre et l'espoir en l'avenir. Ils représentent en quelque sorte l'antidote aux nécessités économiques qui les ont fait naître, c'est-à-dire la crise économique – et son cortège de faillites – ainsi que l'imprévisibilité des marchés. Le leader serait celui qui assure la perception (représentation de l'environnement et collecte d'informations en interne) et la fixation de l'objectif fondamental de son service, de son établissement... Il est celui qui construit et détient la « vision stratégique » de son domaine en lien avec la politique générale de l'entreprise.

De nombreuses firmes et consultants sont passés maîtres dans l'établissement de listes de traits de personnalité relatifs aux styles de leadership. L'aptitude à s'intégrer rapidement, les capacités de travail en groupe collaboratif côtoient les facultés à susciter l'enthousiasme, à déléguer ou à communiquer. La mode du management participatif étant passée par là, on ne s'étonnera pas de trouver un profil à l'antithèse du cadre autoritaire et sûr de son pouvoir hiérarchique. Ainsi que l'explique un directeur des systèmes d'information de PME : « *Aujourd'hui le cadre doit être un leader, un animateur fédérateur plutôt qu'un petit chef. Il doit prendre en compte les conditions sociales, savoir motiver son équipe, être à l'écoute…* ». Chez Sodiaal (Yoplait, Candia…), dans le modèle de compétences comportementales destiné aux cadres, on relève : « *est confiant dans sa capacité à s'intégrer dans un groupe, fait preuve du courage de dire…, persévère dans ses convictions face à une opposition, crée un climat propice à l'innovation, fait émerger des coopérations nouvelles…* » ; ou parmi les 113 items d'un questionnaire d'évaluation dit « 360° » en préparation : « *exprime sa confiance dans les autres, traite les autres avec dignité et respect, possède le sens de l'humour, ose…, facilite…, incite… encourage…, s'adapte à la pression et au stress…* »

Tous ces éléments de redéfinition du cadre ne sont bien évidemment pas étrangers aux refontes des structures d'entreprise. Parce qu'ils se retrouvent dans une culture plus souvent internationale, les managers doivent parfois maîtriser plusieurs langues et être capables de s'adapter à des cultures nationales éloignées. Parce qu'on les place à la tête d'une structure autonome avec un budget propre, ils deviennent de véritables « intrapreneurs », sorte d'entrepreneurs liés à une entreprise par un contrat de travail et une obligation de créativité et d'autonomie. Parce qu'enfin, les entreprises vivent dans un monde plus incertain, la flexibilité est reine et le cadre a pour mission de s'adapter et d'accompagner ses

« collaborateurs » en leur donnant de la lisibilité et un contexte favorable à leur épanouissement. La gestion par projet prend tout son sens si on rapproche ses particularités avec ce nouveau profil d'encadrant. Dans une structure projet, la collaboration horizontale est le principe, excluant toute idée d'autoritarisme du manager. Au contraire, celui-ci sera un facilitateur et un formateur, à l'écoute des autres et capable de créer les conditions favorables à l'innovation, en particulier en phase amont.

L'expert, un cadre à part

Finalement le « nouveau cadre » ressemble, à l'extrême limite, à ce manager sans attache, animateur de réseaux relationnels à l'intérieur comme à l'extérieur de son entreprise et grand consommateur de NTIC, décrit par Boltanski et Chiapello dans un ouvrage qui a fait date[1]. Véritable voyageur organisationnel, il passe d'une entreprise à l'autre au gré des offres de chasseurs, des mouvements de capitaux et des opportunités croisées dans ses réseaux d'affaires. Les changements incessants (fusion, rachat...) qui surviennent dans son entreprise ne sont plus perçus comme une source de perte de repère, mais plutôt comme de multiples opportunités. Opportunités que seuls les plus adaptables et les plus mobiles pourront saisir ! Quant au statut de cadre à la française, il ne s'y reconnaît pas car il est la marque d'un ancrage trop « immobilisant » dans des institutions trop strictement nationales. On l'aura compris, c'est une logique de sélection naturelle par l'intervention du marché qui est en oeuvre ici ; une pensée néolibérale qui s'applique non plus seulement à l'entreprise, mais aux cadres eux-mêmes.

Bien sûr, de tels schémas renvoient à un archétype qui relève largement du fantasme de certains dirigeants à la recherche de cadres aussi fluides que les capitaux qui circulent entre les places

---

1. Luc Boltanski et Eve Chiapello, *Le nouvel esprit du capitalisme*, Paris, Gallimard, collection NRF Essais, 1999, 843 pages.

boursières. Pourtant, ils influencent sûrement certaines politiques de gestion des cadres ainsi que les discours de recruteurs. Le cadre d'un nouveau genre se déplace ainsi d'une entreprise à l'un de ses services externalisés puis devient son fournisseur après avoir été essaimé... Point de flexibilité subie ici, disent les chantres du nomadisme, mais plutôt un jeu subtil de hasard, de choix et d'opportunités baignés dans des marchés fluides et des entreprises sans frontières.

Néanmoins, les travaux de recherche aussi bien que les discours des consultants occultent largement un autre versant de la population des cadres constituée d'experts. Ce silence en lui-même en dit long sur l'écrasante domination de la figure de manager. Selon ma propre expérience, pourtant, la très grande majorité de cadres rencontrés depuis quatre ans ont une idée très claire de cette distinction. Chez Infogrames par exemple, une définition précise est proposée pour distinguer les deux sous-ensembles : l'expert est une personne difficilement interchangeable en interne et dont le remplacement est long et coûteux. Le manager, quant à lui, est un salarié encadrant au moins quatre personnes, et ceci sans qu'il soit fait obligatoirement référence à la convention collective fixant le statut de cadre. Derrière cette distinction se cache l'opposition entre profil généraliste (le manager) et spécialiste (l'expert). « *Il y a deux types de carrière. Les spécialistes, les experts – en douane, en chimie... – des gens très pointus qui constituent un profil très particulier. Et il y a ceux qui ont une capacité à communiquer, à convaincre, et eux à la limite, quel que soit le métier de l'entreprise ou la fonction, ils feront du management* », résume un cadre du groupe Rhodia.

Peu d'entreprises disposent aujourd'hui d'une véritable politique de gestion des experts. Les propos du directeur général du centre mondial de recherche de Lafarge rencontré en 1999, reflètent bien la position de nombre de ses homologues : « *Gérer des experts, des chercheurs pour la plupart chez nous, cela revient à dire qu'il est possible de dresser des chats à marcher à plusieurs sur un fil suspendu dans les airs !* », et c'est un docteur en physique, ancien membre du CNRS et du centre mondial de recherche d'IBM qui parle ! Mais une fois de plus, faut-il faire la différence entre un ingénieur en informatique et le responsable juridique des autorisations de mise sur le marché mondial d'une industrie pharmaceutique. Dans le deuxième cas, ils sont quelques dizaines dans le monde à maîtriser parfaitement l'hypercomplexité des normes sanitaires, des tests et des protocoles d'essais relatifs aux médicaments, alors qu'environ 40 000 postes de cadres informaticiens ont été pourvus en 2001 par recrutement externe en France.

Des qualifications techniques fragiles

En dehors des experts de haut niveau, souvent très diplômés et détenteurs de compétences rares, il existe un large ensemble de cadres qui n'ont pas naturellement la prétention à encadrer et dont la valeur sur le marché du travail repose essentiellement sur des qualifications techniques. Comparés aux managers, ces experts – détenteurs ou non du titre d'ingénieur – sont beaucoup plus sensibles à l'évolution des marchés et des technologies. Si, par exemple, le marché des télécommunications vient à s'enrhumer, c'est tout le recrutement des spécialistes en télécoms qui s'effondre brusquement. A la baisse des offres d'emploi – qui sont autant d'opportunités à saisir en période d'euphorie –, s'ajoutent les risques de licenciement, la recherche de flexibilité et les tensions sur les salaires.

Si l'on regarde cette question de l'expertise sous l'angle de la seule catégorie des ingénieurs et cadres techniques, on parvient à des conclusions similaires. Les ingénieurs ayant actuellement un avenir, sont ceux qui abandonnent rapidement la technique pour le management. Ceux des grandes écoles en tête de classement, des écoles généralistes et des établissements plus ouverts au sciences humaines ont toutes les chances de parvenir à effectuer cette mue sans trop de difficultés. Les ingénieurs et titulaires de doctorat, demeurant dans le domaine de la recherche et développement, peuvent faire l'objet d'une véritable reconnaissance en tant qu'experts. En revanche, les perspectives d'avenir sont beaucoup plus sombres pour ceux qui sont dans les activités de production en usine, les « ingénieurs maison » sortis du rang et la cohorte des ingénieurs non-encadrants des activités tertiaires. Ainsi, les ingénieurs en informatique cantonnés aux tâches de tests, de codage, de programmation, de maintien des systèmes, de hot-line… se trouvent dans une position peu enviable à long terme. Leur activité est souvent taylorisée, routinière et susceptible d'être « délocalisée » parce qu'en concurrence avec des ingénieurs indiens ou de l'ex-Europe de l'Est… Ils sont aussi en danger lorsque, consultants dans une SSII, leurs missions tendent à devenir répétitives. Leur employabilité diminue et leurs compétences techniques se rétrécissent. C'est donc environ les deux tiers des ingénieurs et cadres techniques qui, faute d'appartenir à un centre de recherche de taille confortable ou d'avoir embrassé les carrières managériales et technico-commerciales, sont dans une position plus ou moins critique.

Le manager peut, quant à lui, faire valoir des compétences plus transversales. Il peut plus facilement « rebondir », comme on aime à le dire aujourd'hui, car il semble admis que diriger une équipe de vendeurs de photocopieurs ou d'acheteurs en matériaux d'isolation, relève de la même logique professionnelle. Bien sûr, le degré de technicité des produits ou services peut influencer le degré « généraliste » de l'encadrement. Mais à observer les nominations aux postes de dirigeant des grands groupes en France, on peut se rendre compte que cette idée n'est pas partagée au sein des états-majors. Serge Tchuruk n'est il pas devenu le P-DG d'Alcatel après avoir passé l'essentiel de sa carrière dans le secteur pétrochimique ?

Les managers jouissent donc d'un *a priori* positif quant à leur capacité à se mouvoir dans des espaces professionnels variés et à faire valoir des compétences d'encadrement qui sont, aux yeux de beaucoup, devenues universelles. Pourtant, les entreprises n'ont jamais autant insisté sur la nécessité de bien maîtriser le métier, la culture ou les technologies de chacune d'elle. Reste que le fantasme du « one best way » ou la croyance en l'existence de la solution scientifique aux problèmes de gestion ne sont pas morts, bien au contraire.

Le sésame du management

En fin de compte, soit une entreprise bichonne quelques experts qui sont à la source d'innovations déterminantes pour l'avenir – et donc de plus-values et de différenciation –, soit elle gère, en fonction du marché, une cohorte de diplômés qui s'acquittent de tâches techniques ou de fonctions-supports (comme responsable de la paie, juriste d'entreprise…). La question est : pourquoi ces experts de deuxième rang sont-ils aujourd'hui fragilisés, risquant à tout moment de tomber dans la précarité ? Parce que plus que jamais les entreprises mettent en concurrence leurs « experts maisons » avec des prestataires extérieurs qui multiplient les missions et échappent aux logiques internes de pouvoir du client. S'il est actuellement facile pour un titulaire de Bac + 5 en informatique ou en réseau de trouver un poste avec le statut cadre, deux dangers doivent être pris en compte. D'une part, le trop plein de diplômés est toujours possible avec la multiplication des organismes de formation dans le domaine. D'autre part, un retournement de conjoncture peut, à tout instant, arrêter net le flux des offres d'emploi. Et les déconvenues récentes de Vivendi-Universal, d'Alcatel ou de France Télécom ainsi que d'une nouvelle économie un peu trop vite baptisée, n'ont pas fini d'avoir des conséquences en matière d'emplois de cadres techniques. La nécessité d'acquérir une double compétence, ingénieur et diplôme en management par exemple, est donc absolue. La bonne santé des masters, des DESS de gestion en formation continue ou des DESS CAAE (certificat d'aptitude à l'administration des entreprises, ouverts à des personnes n'ayant pas fait d'études en économie et gestion) en atteste ; pour beaucoup, il est crucial d'élargir leurs compétences au domaine général du management.

Il existe des itinéraires de carrière pour les experts. Ils sont peu nombreux et dépendent souvent du niveau et de la réputation du diplôme. Pour les autres, soit ils devront abandonner rapidement l'expertise pour intégrer des fonctions de management de plus en plus dominantes, soit ils resteront simples techniciens exposés aux logiques de restructuration, d'externalisation et d'évolution de la rareté relative de leurs compétences techniques.

En conclusion, quelques caractéristiques seront précisées pour mieux comprendre cette population. Tout d'abord, les experts ressemblent à s'y méprendre aux « professionals » anglo-saxons que l'on oppose aux « managers ». L'importation des distinctions d'Outre-Manche et d'Outre-Atlantique est ici patente. Ensuite, les experts sont souvent porteurs d'éléments d'implication particuliers et externes à l'entreprise. Etre publié dans une revue, participer à des colloques, obtenir des moyens en relation avec les ambitions de leurs recherches, échapper à la routine organisationnelle… représentent des sources de motivation qui en font des marginaux-sécants, des électrons libres. Mais ils ne sauraient échapper totalement au management. Pour devenir directeur d'un centre de recherche, pour être placé à la tête d'un programme de développement ou devenir chef d'un grand projet par exemple, il faudra savoir communiquer, transmettre sa passion, convaincre, vulgariser, maîtriser des budgets, accepter le contrôle et le suivi des états d'avancement… tout en restant aux yeux des équipes légitime dans le domaine pointu sur lequel repose l'expertise.

Quoi qu'il en soit, le management et le caractère généraliste qu'on lui attribue, constitue le plus sûr accès aux postes les plus élevés. En effet, une nouvelle figure se détache au-delà des cadres banalisés, des experts de plus ou moins haut niveau et des managers de première ligne. Les cadres à haut potentiel sont en train de devenir le nouveau noyau-dur des moyennes et grandes entreprises. Ils sont ceux qui incarnent le mieux les « nouveaux cadres », la réussite et surtout la survivance d'un modèle classique de la carrière ascendante et synonyme de « success story ».

CHAPITRE 8

Hauts potentiels :
le nouveau « top management »

Certains experts constituent avec d'autres populations de cadres ce que l'on appelle des « hommes-clés ». Ce terme limpide en soi permet de comprendre l'esprit des systèmes de gestion mis en place dans les entreprises depuis une dizaine d'années. Certains dirigeants, les experts de haut niveau, les cadres à haut potentiel et dans une moindre mesure les chefs de projets, forment l'essentiel du capital humain stratégique aux yeux des employeurs. Comme le souligne Nicolas Michel, spécialiste de ces questions, ces profils sont « clés » parce qu'ils relèvent de compétences spécialisées et rares, parce qu'ils disposent de capacités et traits de personnalité recherchés, parce qu'ils occupent des postes stratégiques reposant sur des réseaux relationnels puissants et enfin, parce que leur départ subit et leur remplacement seraient sources de nombreux dysfonctionnements ou difficultés[1].

Mais, même parmi les hommes-clés, il existe une hiérarchie qui place à son sommet les cadres à haut potentiel. Pourtant, pendant longtemps, leur existence même est restée largement confidentielle en France. L'association d'employeurs « Entreprise et Personnel » travaille, dès le début des années 70, sur la question de la détection des futurs dirigeants avec des grandes entreprises nationalisées et quelques rares groupes privés comme BSN (qui

---

1. Nicolas Michel, « La gestion des hommes-clés », *Revue de Gestion des ressources Humaines*, n° 39, 1ᵉʳ trimestre 2001.

deviendra plus tard Danone), Casino et Lafarge. Le thème refait surface à la fin des années 80 et connaît aujourd'hui un regain d'intérêt qui ne se dément plus[1].

Jeunes, hommes de préférence et managers

Mais qui sont ces « cadres à haut potentiel » que les Américains nomment aussi « high fliers » ou « fast-trackers » ?[2] Avant toute chose, ils travaillent dans de grandes entreprises. Ils représentent en moyenne 7 % des cadres d'une firme donnée, et ne font véritablement l'objet d'une politique de gestion que dans des entreprises d'au moins 500 cadres ! Le taux d'encadrement étant d'environ 15 % en France, il faudrait alors retenir les seules entités de plus de 3 300 salariés. Ces moyennes cachent cependant des situations contrastées. D'une part, dans de grands groupes de plus de 100 000 employés, le taux de cadres à haut potentiel peut ne pas dépasser les 1 %. D'autre part, le taux d'encadrement peut atteindre 70 % et plus dans certaines firmes de hautes technologies de taille moyenne, ce qui autorise de trouver des cadres à haut potentiel en grande proportion dans des entreprises relativement plus petites.

Dans la très grande majorité des cas, ils sont jeunes (entre 30 et 40 ans) et sont des hommes (moins de 10 % de femmes). Ils sont la matérialisation quasi parfaite du plafond de verre auquel se heurtent les femmes et du jeunisme des politiques de GRH d'aujourd'hui. En outre, ce sont tous des managers, les experts n'ayant pas leur place parmi eux. Une autre évidence à rappeler, ils sont tous en CDI à temps très plein !

1. Pour plus de détails, voir C. Falcoz, « La gestion des cadres à haut potentiel », *Revue Française de Gestion*, n° 138, juin 2002.
2. L'ensemble des résultats présentés dans ce chapitre sont issus de notre travail de recherche doctorale réalisée auprès de 42 entreprises implantées en France représentant environ 7 500 cadres à haut potentiel.

© Editions d'Organisation

Quant au « potentiel » qu'on leur attribue, l'équation toute subjective qui pourrait le résumer serait :

$$\text{capacité à manager}$$
$$+ \text{ capacité pressentie à évoluer}$$
$$+ \text{ pari sur la capacité à devenir dirigeant}$$
$$= \text{ potentiel.}$$

Le cadre à haut potentiel se doit d'être un généraliste possédant une très bonne connaissance théorique et pratique des principes de gestion, des métiers de son entreprise, de ses stratégies et de sa culture. On ne s'étonnera donc pas de trouver parmi les critères incontournables pour être étiqueté « haut potentiel » la performance, la motivation, mais aussi le leadership, des qualités morales ou éthiques, le charisme, la vision, l'adaptabilité… Autant d'éléments qui ne sont pas étrangers aux traits typiques des « nouveaux cadres » !

En France, le repérage par la hiérarchie, les entretiens annuels d'évaluation, les entretiens de carrières et toutes les informations récoltées par les réseaux des principaux dirigeants, sont à la base du processus de détection du potentiel parmi les cadres. Les tests anglo-saxons comme le MBTI (Myers-Bridds Type Indicator), les centres d'évaluation (« assessment center »), restent minoritaires alors qu'ils ont une bonne presse dans de nombreux autres pays industrialisés. De toute façon, les réseaux relationnels du cadre, sa capacité à saisir des opportunités (comme, par exemple, un projet avec des membres d'une importante direction d'une filiale), et aussi sa capacité à se « mettre en scène » pour valoriser ses compétences, jouent un rôle déterminant.

La capacité pressentie à évoluer est un élément essentiel de la définition du potentiel qui renvoie directement à la question de la carrière. Les cadres à haut potentiel « grimpent » en effet plus vite que les autres. Ils jouissent d'une véritable promesse de carrière. Ils ne restent pas plus de deux ou trois ans dans un même poste et passer par l'international est souvent incontournable. Beaucoup d'entreprises font de la disponibilité pour une mobilité à l'international un préalable à l'obtention du « label haut potentiel ». En cela, ces managers haut de gamme ressemblent étrangement à leurs aînés, assurés d'une carrière verticale synonyme de progression salariale et de responsabilités. Comme eux, ils font aussi l'objet d'un pilotage serré de la part des plus hauts dirigeants et des DRH « corporate » (du siège) souvent réunis dans des comités de carrière où ils réalisent des « people review » (revues de personnel) et établissent la liste des hauts potentiels.

Un vivier renouvelable

Mais du point de vue de la carrière, le parallèle s'arrête là. Car celle-ci est tout d'abord plus transversale avec des changements de fonctions qui ne sont pas rares. Surtout, les garanties d'évolution sont établies à court terme. En effet, non seulement les cadres à haut potentiel ne savent pas qu'ils le sont, mais en plus, chaque année, les directions s'arrogent le droit de réviser leur jugement et éventuellement d'ôter le label « haut potentiel ». Les sorties de liste entraînent alors un sérieux ralentissement de la carrière. Secret et réversibilité du fameux sésame font donc planer sur le collaborateur détecté une incertitude inconnue de la stabilité du statut de cadre tel qu'il existait jusque dans les années 80. Ainsi, untel pense qu'il est à haut potentiel mais n'en a souvent pas l'assurance malgré des signes qui ne devraient pas tromper (comme l'augmentation des primes ou des propositions alléchantes d'évolution) tout en risquant de perdre à tout moment et sans le savoir, les avantages d'un label gardé secret. Certains objecteront que ces « supermen » sont des élus, assurés d'échapper au sort du commun des cadres. Cette situation existe rarement, les « hauts potentiels » constituant plutôt un vivier renouvelable.

Pourquoi garder secrète cette information stratégique ? D'abord parce qu'un cadre trop sûr de son appartenance à la liste risquerait de devenir une proie facile pour les chasseurs. Mais aussi pour

142

éviter qu'il soit atteint par le syndrome du « prince de la couronne ». Les directions veulent en effet garder un ascendant sur ces cadres choyés et elles craignent qu'une publicité trop importante engendre chez certains une suffisance doublée d'une augmentation inconsidérée de leurs exigences.

Par ailleurs, ces « meilleurs espoirs » de l'entreprise n'ont rien de commun avec les cadres nomades et sans attaches déjà évoqués. Point d'errance chez eux, bien au contraire : ils appartiennent à un segment privilégié pour lequel les directions des RH dépensent temps et argent. Les firmes qui choisissent de mettre en place une telle politique poursuivent en fait des buts allant à l'encontre de toute logique de désengagement. Préparer les futurs dirigeants, organiser le remplacement dans les postes-clés et les emplois sensibles, et enfin, fidéliser les meilleurs, sont les trois mots d'ordre affichés par les instances de direction lorsqu'elles mettent en place de tels systèmes de gestion des « Hommes-clés ».

Les privilèges – certes réversibles – octroyés à ces cadres sous haute surveillance et dûment détectés, sont nombreux. Ils ont accès au plan de souscription d'achat d'actions (stock-options) et bénéficient d'augmentations de salaire exceptionnelles – mais dans un tiers des cas étudiés seulement, car les DRH hésitent à utiliser abondamment ce signal fort. Les dispositifs de développement qui leur sont uniquement consacrés sont, en outre, très fréquents. Les formations peuvent être hébergées dans une université interne. Les firmes ayant fait ce choix ont souvent le souci de décloisonner leurs différentes entités et de diffuser une culture commune à la suite d'une fusion, par exemple. Mais les formations peuvent aussi être externalisées sur de prestigieux campus comme celui de l'INSEAD à Fontainebleau, dans le cadre du cursus CEDEP. Les « high potentials » se mélangent alors avec des pairs appartenant à d'autres entreprises afin d'élargir leur vision et de stimuler leur réflexion stratégique. En 1999, un vice-président de Cap Gémini expliquait ainsi les raisons d'être de l'université interne : *« L'université interne est un peu la maison du Groupe qui permet de réunir les meilleurs de tous les continents. Les objectifs sont clairs : repérer les best-practices, mailler et mettre en réseau les équipes et les cadres à potentiel, développer des compétences collectives et diffuser la culture du groupe dans un contexte de frontières organisationnelles visqueuses et d'une très forte croissance. Durant la formation, les dirigeants sont impliqués et servent de sponsors aux équipes-projets de cadres à potentiel. Si le projet est retenu comme bon lors de la soutenance devant le comité exécutif, il est mis en œuvre avec les promotions que cela suppose pour les individus ! »*

Une série de sauts d'obstacles avant l'intronisation

De nombreux autres extraits d'entretiens auraient pu être rapportés ici, soulignant la forte implication des états-majors dans la gestion des cadres à haut potentiel. On les retrouve souvent à la tête de comités de carrière ou lors d'une session de formation, aux côtés de la direction des ressources humaines. Par ce seul élément, on comprendra le caractère hautement stratégique donné par les entreprises à ce système de gestion d'un effectif-noyau déterminant pour l'avenir de l'entreprise. C'est en effet parmi ces cadres que les entreprises cherchent aujourd'hui à repérer leurs futurs dirigeants. Le parachutage n'a plus la cote, les directions générales préférant trouver en interne les individus conformes aux stratégies, aux cultures et aux métiers qui les caractérisent.

Une analyse fine des carrières de managers de « haut vol » est riche d'enseignements sur ce que les cadres peuvent encore espérer atteindre dans un groupe de taille conséquente. Tout d'abord, il faut garder à l'esprit que les hauts potentiels ont à leur disposition des outils de gestion de carrière rarement accessibles aux autres cadres. Le coaching en est le symbole même. Ce dispositif d'accompagnement individualisé, coûteux pour l'employeur, permet de répondre au plus près aux demandes et aux difficultés de celui qui en profite. *A contrario*, les postes réservés aux cadres à haut potentiel ainsi que les CV de ces derniers se retrouvent rarement dans les bourses d'emploi, qui restent le principal dispositif de gestion de la mobilité des autres, plus « anonymes ». Les organigrammes de remplacement, les plans et courbes de carrière sont aussi largement plus utilisés pour les « hauts potentiels » que pour le reste de l'encadrement. La segmentation entre les deux populations est donc bien réelle. Et les différences ne s'arrêtent pas là.

La vitesse de progression revient toujours pour définir le cadre qui monte plus haut et plus vite que les autres. En témoigne ce Directeur des ressources humaines d'une division d'une grande société pétrolière : « *Notre définition du cadre à potentiel est relativement précise. Nous fonctionnons avec un système d'évaluation des postes de type HAY-Metra. Nos postes de cadres vont du niveau 10 pour les débutants à 20 pour la direction générale. La définition des collaborateurs à potentiel est un pronostic d'évolution : c'est quelqu'un, capable dans les cinq ans maximum, de franchir deux niveaux de postes au moins.* » Pour développer un haut potentiel et vérifier que miser sur lui était fondé, il faut donc multiplier ses expériences professionnelles : lui faire changer de métier, l'expatrier, le nommer à la tête d'une filiale en difficulté, lui confier un projet sensible… constituent des défis qui seront autant d'étapes à franchir. La carrière du cadre sélectionné s'apparente alors à une série de sauts d'obstacles, une sorte de tournoi pour arriver éventuellement à l'ultime segment, le saint des saints, un poste parmi la plus haute instance dirigeante.

Les hauts potentiels forment aujourd'hui la principale force de frappe des entreprises lorsqu'elles expatrient des cadres pour accompagner leur développement à l'étranger. Voici un cas réel (rendu anonyme) qui illustre parfaitement l'itinéraire de ces « hommes à réaction ».

M. Ki : un cadre à haut potentiel devenu cadre-dirigeant.

D'origine belge, M. Ki entre en 1982 au sein d'une des trente premières entreprises françaises comme ingénieur de production. Ayant repéré un fort désir d'évolution chez ce jeune embauché diplômé de l'université de Liège, l'entreprise envoie M. Ki dans l'une des ses filiales américaines, avec sa femme, lui payant une partie de sa formation dans un prestigieux MBA. De retour en France, il entre au sein de la fonction contrôle de gestion dans une des principales filiales du groupe. Puis il rejoint le siège, à la fonction RH, où il se retrouve au contact de nombreux dirigeants et réalise une multitude de projets dont celui de la mise en place de formations pour les cadres à haut potentiel. Après deux ans et demi passés à Paris, il part dans une filiale en province pour préparer sa première véritable expatriation en Italie, où il restera presque quatre ans. Puis, après plus de deux ans en Allemagne, il est nommé, à l'âge de 41 ans, directeur général d'une des principales divisions et devient du même coup l'un des quarante membres du comité opérationnel du groupe.

Des parcours comme celui-là ne sont que rarement l'effet du hasard et ressemblent plutôt à des opportunités préparées et à une gestion anticipée. D'un côté, les DRH tentent d'organiser au mieux les voies qu'ils souhaitent voir se développer, et de l'autre, les cadres à haut potentiel s'ingénient à décoder les politiques et les pratiques les plus sûres de conduire à la réussite. Ainsi, il est assez courant de rencontrer des cadres à haut potentiel d'une même entreprise qui désignent quelques postes-tremplins idéaux pour se faire remarquer ou pour commencer à prouver leur potentiel. Dans telle firme, il s'agira des postes d'ingénieurs-commerciaux, dans telle autre ce seront les directeurs de filiales en création à l'étranger – exposés mais grands accélérateurs de carrière – qui seront préférés. Il peut y avoir aussi des destinations plus ou moins ensoleillées ! « *Prendre la tête d'une filiale pays qui dispose à la fois d'une structure de production conséquente et d'un réseau de distribution – vente est un signe qui ne trompe personne* », explique-t-on dans un grand groupe. Les pays-phares sont vite repérés par ceux qui ont compris la nécessité absolue de s'expatrier, mais veulent éviter de devenir des mercenaires ou des Robinson Crusoë oubliés de tous et surtout du siège de la maison-mère !

Candidats à l'expatriation bichonnés

Une destination prestigieuse représente un enjeu majeur pour le futur expatrié. Un « package » expatriation sera offert pour faciliter la décision de départ et l'intégration dans le pays d'accueil. Formation aux langues, voyage d'agrément pour visiter le pays en famille avant la décision irrévocable, stage de sensibilisation au management interculturel, prise en charge des frais de déménagement – de scolarité des enfants – de recherche de logement… pourront être proposés. Comme le souligne Jean-Luc Cerdin, professeur à l'ESSEC, des freins à la mobilité existent pourtant bel et bien : non désir ou carrière du conjoint, peur du retour, éloignement de la famille et des amis, sont quelques-uns des éléments qui peuvent faire obstacle[1].

Il est même possible d'affirmer que les aides sont proportionnées à l'intensité du potentiel de l'expatrié. Ainsi, pour un cadre jugé particulièrement clé, l'employeur pourra prendre en charge le conjoint. Ceci est particulièrement vrai dans les situations de double carrière, c'est-à-dire lorsque la situation professionnelle du conjoint suiveur risque d'être une raison du refus de partir de la part du cadre pressenti. Ainsi, plus les espoirs placés en lui sont élevés, plus l'entreprise osera déployer des trésors d'attentions. Certes, les candidats à l'expatriation ne sont pas toujours légion, mais ils ne se valent pas tous non plus !

La logique d'individualisation des pratiques de gestion est donc ici poussée à son maximum. Les DRH connaissent souvent chacun des cadres à haut potentiel, rencontrés au moins une fois par an, et les gèrent au cas par cas. Véritable haute couture de la gestion des cadres, éphémère et luxueuse tout à la fois !

Finalement, la gestion des cadres à haut potentiel conduit dans nombre de cas à une hiérarchisation importante des différentes strates de cadres au sein d'une entreprise. Le cas de Lafarge au

---

1. Jean-Luc Cerdin, *La mobilité internationale - réussir son expatriation*, Paris, Editions d'Organisation, 1999.

début de l'année 1999 est significatif. Tout en haut, le comité exécutif avec ses 11 postes. Puis, un comité opérationnel de 43 membres pouvant tous être considérés comme dirigeants. En dessous, les autres postes placés au-delà d'un certain niveau dans la classification, soit environ 110 postes brigués par environ 140 cadres à haut potentiel de niveau 1 ou 2. Les jeunes à haut potentiel – là aussi subdivisés en niveaux 1 ou 2 – viennent juste derrière. Enfin, les jeunes à potentiel et les jeunes à suivre qui sont au total environ 850. L'entreprise ressemble alors à une véritable fusée de lancement, avec ses étages et ses passerelles entre chaque niveau. Dans le cas de Lafarge, c'est environ un millier de cadres, managers ou en voie de le devenir, qui fait l'objet d'un suivi particulier, pour quelque 7 000 cadres au total.

A cette radiographie insistant sur les hiérarchies entre cadres, il faut ajouter l'image d'une succession de cercles concentriques, pour décrire les différents segments pouvant exister au sein d'une grande firme[1]. Au centre, le noyau dur, avec ses cadres dirigeants et ses hauts potentiels ; viennent ensuite les hommes-clés puis une partie des cadres en CDI à temps plein. Ce groupe ne connaît pas de pratiques de flexibilité *via* la réduction du temps de travail ou l'emploi. Ce sont d'abord eux qui portent la flexibilité, parce que polyvalents, généralistes, capables d'apprendre tout au long de leur vie professionnelle. Ils sont aussi ceux qui décident et mettent en œuvre la flexibilité des structures : ils décentralisent, délèguent, modifient l'organisation du travail... Enfin, c'est à eux que revient la tâche de gérer les cadres « banalisés » et les non-cadres, sujets pour la plupart à la modulation des horaires, aux CDD, à l'intérim, au contrôle par les NTIC... Ces remarques ne valent toutefois que pour des entreprises possédant un marché interne du travail suffisamment vaste, tant par la taille exprimée en nombre de cadres que par l'étendue géographique de leurs implantations.

---

1. Nous empruntons et complétons le modèle de J. Atkinson paru dans son court mais essentiel article : « Manpower strategies for flexible organisations », *Personal management*, vol. 16, n° 8, août 1984.

Mais une telle schématisation est particulièrement utile et fidèle pour se représenter aujourd'hui les différences, les inégalités et les hiérarchies au sein du groupe des cadres.

Les couacs d'une gestion mal orchestrée

Comment les autres vivent-ils cette gestion des hauts potentiels ? La question est essentielle car si elle peut représenter un magnifique levier pour impliquer les salariés en rendant visibles des promesses de carrière, elle peut être aussi source de démotivation.

Aux entreprises qui n'ont pas de tels systèmes de gestion des futurs dirigeants, il faut ajouter le cas de tous ces cadres qui en ignorent jusqu'à l'existence même. Ainsi à La Poste : « *Une gestion des cadres à potentiel ? Je ne sais pas vraiment à quoi cela correspond et je ne pense pas que cela marche chez nous.* » Un autre entretien dans la même entreprise et avec un directeur commercial départemental relevant du droit privé, montre pourtant le contraire : « *Oui, il y a une gestion des potentiels officielle et écrite qui permet une gestion de carrière rapprochée via des postes de direction au niveau régional et national.* » Une absence totale de communication ou un dévoilement mal maîtrisé des pratiques par des voies officieuses, comme c'est trop souvent le cas, peuvent aussi avoir des résultats désastreux auprès de certains cadres déboussolés en proie aux hésitations, doutes, paranoïa (méfiance, sur-interprétation…). Le cas suivant a été recueilli dans une grande firme où le directeur des ressources humaines entretenait un faux silence autour d'une gestion des cadres à potentiel assez informelle qu'il mettait en œuvre seul.

Etre ou ne pas être cadre à haut potentiel...

« *On connaît l'existence de ce que le groupe appelle cadres à haut potentiel, mais la façon dont c'est géré je ne sais pas… par contre, je sais que j'en fais partie. J'ai été contacté il y a peu de temps par mon DRH pour une formation interne qui semble prestigieuse[...] Mais la communication autour de tout cela n'est pas très claire, voire inexistante [...] Il y a des* » *gens qui passent leur temps à se poser la question « j'y suis ou je n'y suis pas ? » [...] ce ne sont que des impressions vous me direz [...] je pense qu'il y a une volonté affichée, pas très nette encore une fois, de gérer une population qu'on appelle à potentiel ou autre, de façon différente que les autres. Cela transpire déjà à travers l'information sur certaines forma- tions, [...] Il y a une prise de risque de la part de la RH en ce qui concerne l'attribution du potentiel, et je dois dire qu'en ce qui me concerne, ils en ont pris puisque je ne suis même pas entré cadre ici... Et puis votre présence ici et le titre de votre enquête ne confirment-ils pas mes impressions ? »*

Bien d'autres dysfonctionnements peuvent être provoqués par une gestion des hauts potentiels mal orchestrée. Le découragement des autres cadres n'est pas le moindre de ces problèmes. Le carriérisme de certains hauts potentiels, leur (trop) rapide passage dans leurs postes et le manque de continuité dans le management font que les autres collaborateurs plus stables se retrouvent à absorber le travail au quotidien et les effets à long terme de stratégies mises en œuvre puis aussi tôt délaissées par ces véritables carriéristes. La dépréciation des dimensions techniques qui guette aussi ce système de gestion, peut être source de démotivation chez certains experts ou ingénieurs.

Les cadres labellisés eux-mêmes peuvent subir des conséquences négatives. Ils peuvent « dérailler » – être sortis de la voie royale où ils ont été placés – et avoir des sentiments d'échec, de désenchan- tement et de désillusion. La réussite et l'accès au sésame des postes de dirigeant auraient donc un coût pour ceux qui n'y parviendront pas malgré leurs efforts, ainsi que pour ceux qui finiront par y accéder. Banalisés ou pas, à haut potentiel ou sans, experts ou managers, passés aux 35 heures ou non, les cadres se retrouvent face à des difficultés et à des tensions sources de stress. La route vers les sommets n'est pas pavée de roses. Et le prix à payer pour réussir sa vie professionnelle semble n'avoir jamais été aussi élevé...

Yves-Frédéric LIVIAN, professeur de sciences de gestion de l'IAE de Lyon, a été aussi DRH et consultant. « L'idée d'un bouleversement des carrières est largement mythique »

Si l'on vient de voir que les cadres « à haut potentiel » continuent à bénéficier de carrières bien dessinées, cela signifie-t-il que les autres sont livrés à la seule loi de l'offre et de la demande ? La stabilité et la progression dans l'emploi salarié ont-elles complètement disparu chez les cadres ?

Depuis plusieurs années, une certaine littérature a beaucoup exploité le thème de la mort de la « carrière classique » et de l'explosion de formes innovantes de trajectoires professionnelles. Il est indéniable que des changements ont lieu dans ce domaine. Par exemple, un nouveau groupe de « professionnels autonomes » est en train d'émerger chez certaines catégories qualifiées. Mais l'idée d'un bouleversement des carrières et de la disparition des « carrières organisationnelles » est largement mythique.

Trois constats autour de la mobilité des cadres permettent de jeter un regard critique sur cette idée :

- Tout d'abord, le glissement vers le travail indépendant n'a pas eu lieu. Globalement, on sait que c'est le salariat qui se développe dans nos sociétés, les chiffres en témoignent. La population des indépendants décroît de 2,5 % par an depuis 1990 et les « professions libérales supérieures » dont font partie certains des anciens cadres reconvertis, n'augmentent que de 1,3 % par an. Dans les enquêtes sur la mobilité, il apparaît que plus de 90 % des cadres d'entreprises le sont encore l'année suivante, 1,4 % seulement sont devenus indépendants ou chefs d'entreprise et cette proportion a baissé entre 1990 et 1999 (enquête emploi INSEE). On voit des chiffres identiques quant au devenir des cadres reclassés par l'intermédiaire des cabinets d'« outplacement » : très peu décident de créer leur emploi ou leur entreprise (enquête ASCOREP). On peut le regretter, mais il est un fait que la création de son emploi n'attire que peu de cadres, en dehors du cas des activités de conseil.

- La mobilité inter-entreprises est plus limitée que certains tendraient à le suggérer. D'abord, les cadres des fonctions publiques (+ de 300 000 personnes) changent rarement d'administration. Ensuite, chez les cadres du secteur privé, la part de ceux qui changent d'entreprise dans l'année, oscille autour de 10 %, et ce depuis près de vingt ans (APEC, 2001). Aujourd'hui encore, 40 % des cadres actuellement en poste ont plus de dix ans d'ancienneté chez leur employeur. « L'emploi à vie n'a pas disparu, comme le montre le fait qu'un quart des ingénieurs diplômés – catégorie un peu plus mobile que la moyenne – parvenus en fin de carrière, n'a connu qu'un seul employeur », comme le souligne le sociologue Paul Bouffartigue. Les carrières « monoentreprises » sont sans doute en déclin chez certaines catégories de cadres, mais le changement est moins radical que la littérature ne le prétend.

Bien sûr, cette mobilité inter-entreprise est plus forte chez les jeunes et elle correspond à une représentation partagée : 57 % d'entre eux sont convaincus qu'ils devront fréquemment changer d'employeurs. Mais la réalité de cette mobilité est moindre qu'on aurait pu le penser il y a quelques années : les deux tiers n'ont eu qu'un seul poste dans les deux premières années de leur carrière (contre 59 % en 1998) et la proportion de ceux ayant eu trois postes ou plus pendant la même période passe de 17 à 11 % (APEC, 2001).

- Si l'on parle maintenant de la mobilité fonctionnelle au sein d'une même organisation, elle est indéniable et elle est plutôt le gage qu'il existe encore une certaine « gestion des carrières » dans des entreprises : les cadres changent de service (7 à 9 % par an) ou bénéficient de promotions internes (11 à 15 %). On voit donc que les trajectoires des cadres sont loin d'être laissées au libre jeu du marché du travail et correspondent, pour une bonne part, à des règles ou des pratiques stabilisées par lesquelles certaines directions d'entreprises cherchent à orienter le destin professionnel de ces salariés.

La mobilité internationale fait aussi beaucoup couler d'encre. Mais l'expatriation longue ne touche qu'une frange des managers et la menace de « fuite des cerveaux » ne correspond à aucune réalité (il y a 15 200 Français diplômés travaillant aux Etats-Unis, pour 3,4 millions de cadres et « professions intellectuelles supérieures » ; ce chiffre représente cinq fois moins que celui des cadres anglais ou allemands comparables). Récemment, les autorités éducatives françaises ont déploré la stagnation du pourcentage d'étudiants français intéressés par une mobilité européenne (moins de 7 %).

Il n'est pas sûr que les jeunes générations modifient profondément cet état d'esprit. S'ils sont intellectuellement préparés à des mobilités, les jeunes sont aussi à la recherche de sécurité : si l'on regarde les choix d'emploi des jeunes, 37 % souhaitent rentrer dans la fonction publique (41 % chez les étudiants), 38 % veulent travailler dans les grandes entreprises, 79 % souhaitent trouver un travail en France et 83 % des 18-20 ans dans leur région d'origine ! (SOFRES-*Le Monde* 2001).

Les « carrières » relativement régulières dans des organisations vastes et se déroulant dans un contexte connu, ont donc encore de beaux jours devant elles !

CHAPITRE 9

Carrière et réussite professionnelle : oui, mais à quel prix ?

C'est à juste titre que le numéro de mars 1999 d'*Enjeux Les Echos* s'intitulait : *Stress : la fin d'un tabou*. Non pas que le stress des cadres n'ait fait l'objet d'aucune analyse précédemment. Mais ceux-ci s'en accommodaient tant bien que mal et les entreprises des années 80, toutes obsédées par l'excellence, n'hésitaient pas à s'en servir pour mettre leurs collaborateurs sous une pression accrue aux résultats. Ce consensus silencieux semble avoir volé en éclat, les employeurs s'étant souvent rendus compte que le stress est contre-productif, et les cadres, pour leur part, refusant de se soumettre à la logique sous-tendue du « maillon faible ». Ainsi, 56% des cadres déclaraient subir un stress de plus en plus important d'après un sondage Manpower-*Liaisons Sociales*-CSA Opinion de juillet 1999.

Certaines sources de stress ont déjà été évoquées tout au long de cet ouvrage. Les logiques de flexibilité en sont assurément une. Le raccourcissement des cycles temporels, et son corollaire l'urgence, peuvent être pointés du doigt en premier. « *Les délais de plus en plus courts* » sont souvent nommés en tête des facteurs de stress dans les enquêtes d'opinion effectuées auprès des cadres. Mais, au-delà, c'est toute la question du « temps de préoccupation » spécifique aux métiers à forte responsabilité qui oblige à dépasser le seul temps d'occupation ou de travail effectif comme critère d'analyse. Lorsqu'on tente de cerner le travail d'un cadre, on est vite pris de vertige devant l'immense éventail des activités et des temps auxquels il renvoie : temps de déplacement, de réunion, de consultation des messageries et autres boîtes vocales, temps de lecture de la presse, de rapports ou d'ouvrages professionnels, temps d'astreinte, de dialogue informel avec un client, un fournisseur ou un pair, temps de réflexion…

L'allégement des structures, la chasse aux coûts cachés, l'aplatissement des organigrammes et l'absence d'embauche après le passage aux 35 heures engendrent d'autres sources de stress classiques comme la surcharge de travail et le manque de moyens humains et financiers. Pour ce cadre autodidacte de 60 ans : « *Le stress dépend énormément du type du management de l'entreprise, de la maturité du cadre… Il se manifeste lorsqu'on a trop de travail à faire et qu'on n'a pas les moyens ou les ressources pour arriver à tout réaliser dans les délais. Il se manifeste aussi lorsque l'on vous demande des choses qui sont hors de vos compétences.* »

Stress positif, mais jusqu'où ?

Cette surcharge avec son cortège d'horaires plus qu'élastiques, de week-ends ou de vacances amputés, de surmenage et de charge mentale accrue, sera souvent directement liée à des problèmes de santé au travail aussi bien physiques (ulcères, défaillance cardiaque) que psychiques (dépression). Pour preuve, cet extrait d'entretien mené en 1998 avec un cadre à haut potentiel : « *Je me donne à fond… mes samedis sont pris par le travail, j'emmène mon portable à la maison, je travaille le soir, dans la semaine je lis aussi régulièrement mon courrier le soir… J'ai grignoté ma vie de famille, j'ai arrêté le sport… Et physiquement, on sent la pression : j'ai commencé à avoir des carences en magnésium, des palpitations, une chute de cheveux impressionnante…* »

Les incertitudes qui pèsent sur l'environnement économique et la reconfiguration au pas de charge des entreprises à coup de fusions-acquisitions ont donné un poids accru aux clients, aux concurrents – de plus en plus internationaux – et aux actionnaires. Ces trois parties prenantes sont présentes aujourd'hui dans chaque service, chaque bureau et dans la tête de chaque salarié ! Pas étonnant de les trouver citées, par les cadres en particulier, comme raisons d'un stress en constante augmentation. Enfin, les incessants changements de propriétaires, de stratégies, de supérieurs hiérarchiques ou de modes de travail, font souvent craindre aux cadres de n'être plus à la page.

Des outils à la mode comme l'évaluation à 360° tendent également à renforcer l'instabilité, la multiplication des jugements et les logiques de compétition tant à l'extérieur qu'à l'intérieur de l'entreprise. La crainte du chômage ou l'absence de perspective claire quant à l'avenir professionnel, peuvent alimenter les craintes et les peurs et, par conséquent, engendrer du stress. Si enfin, les marques de reconnaissance se tarissent dans l'entreprise, alors les portes sont grandes ouvertes aux risques de démotivation et au stress. Quand le salaire ne suit pas les efforts consentis, quand le management demande toujours plus sans jamais prendre le temps de féliciter, ou lorsque ni la carrière ni la formation ne font plus l'objet d'aucun engagement de la part de l'employeur, certains doutent et tombent dans la spirale des perpétuelles remises en question.

Chez les cadres commerciaux, la rémunération basée sur une forte part variable est un aiguillon source de stress positif, mais qui peut néanmoins devenir oppressant. « *Le stress est souvent lié à la peur de ne pas atteindre les objectifs fixés,* explique un cadre responsable de formation commerciale à La Poste. *Les commerciaux sont en première ligne puisque la Poste a instauré une nouvelle chaîne commerciale. Ils ont des objectifs assez élevés et n'ont la possibilité d'évoluer que s'ils les atteignent. Par contre, en cas d'échec, le stress est là, et ceci les pénalise forcément dans leur souhait d'évolution professionnelle sans compter l'impact sur leurs revenus, leurs projets familiaux.* »

Le couple infernal « flexibilité + précarité »

Arrêtons-nous une dernière fois sur la gestion par projet, l'une, parmi tant d'autres, des innovations managériales dont les effets sur les cadres sont pour le moins contrastés, pour ne pas dire négatifs. David Courpasson, professeur de sociologie à l'EM Lyon et éditeur de la revue américaine *Organization Science*, a montré combien ce système très utile pour produire une élite managériale est aussi synonyme de culture de la précarité[1]. L'incertitude et la virtualité intrinsèques au fonctionnement par projet font en effet peser sur les chefs de projet une lourde charge en termes de responsabilité. Parfait outil pour organiser, par exemple, l'articulation des compétences techniques d'un ingénieur avec les compétences managériales, le projet place les cadres dans des promesses de carrière à venir, dans une profession qui n'en a que le nom, dans une position sous contrainte maximum habillée d'autonomie forte. Enfin, le chef de projet appartient à une communauté passagère où la coopération s'arrête avec la réalisation de la tâche, toujours plus soumise à une compression des délais et des moyens alloués.

Pour beaucoup d'ingénieurs et cadres, aujourd'hui « *hors du projet, point de salut* ». Mais à chaque réunion d'état d'avancement, celui-ci peut être stoppé net par le comité de direction en charge du portefeuille de projets. Et surtout, lorsqu'un cadre les « collectionne », il vit à chaque fois le risque de l'inter-projet comme le consultant vit des périodes d'inter-contrat. Témoin, ce cadre de 55 ans : « *J'étais en train de terminer un projet en étant de plus en plus absorbé par l'idée de « l'après ». Et puis l'équipe a été dissoute ; je n'avais plus alors qu'une maigre activité de suivi. Et rien à l'horizon. Là, je me suis dit : « que va-t-il m'arriver si rien ne se présente et si l'entreprise se met à aller mal ? ». C'est ce qui est arrivé, ma deuxième participation*

---

1. Lire son ouvrage vivifiant qui tente de redonner une place à la notion de domination comme angle de lecture des enjeux du management : *L'action contrainte - organisations libérales et domination*, Paris, PUF, 2000.

à un projet fut la dernière, ils m'ont mis sur la liste du prochain plan de licenciement. »

En mission auprès d'un cabinet de taille conséquente, j'ai pu retrouver les mêmes types d'effets pervers. Les cadres, très autonomes, accumulaient les contrats de durées diverses pour éviter de manquer de travail à un moment donné ou pour parer l'éventuel raccourcissement, voire l'annulation d'un contrat par un client. Les marques de stress comme la tabagie, l'hypertension, les crises d'angoisse, les troubles du sommeil, les conflits familiaux, étaient particulièrement renforcés chez ceux qui se trouvaient en attente d'une affectation à une nouvelle équipe projet, faute d'avoir pu dénicher un contrat eux-mêmes.

Evidemment, les grands projets et les projets stratégiques directement pilotés par les directions générales sont moins générateurs de stress parce que relevant d'une gestion plus politique et moins immédiatement contrôlable. Mais ils sont le plus souvent réservés aux « hauts potentiels » qui se gardent bien de se charger des aspects strictement techniques, laissés aux experts appelés à participer à l'équipe. Les chefs de projet sont en fait une sorte de nouveaux consultants internes des entreprises. Comme leurs homologues des cabinets, ils peuvent tirer une riche expérience de leur passage dans un projet, mais ils ne doivent pas trop y rester sous peine d'entrer dans le jeu du couple infernal flexibilité et précarité.

Névrose d'excellence

Le stress prend aussi racine dans un style de management très largement répandu, niant l'affectif et stimulant les stéréotypes machistes. Dans une enquête menée auprès de plus de 1 000 cadres[1], un quart avouait qu'exprimer leurs idées à leur supérieur n'est pas toujours chose facile. Quant à leurs émotions, c'est presque impossible ; en effet, deux tiers des managers jugent qu'il est

---

1. L. Cadin, H. Laroche et C. Falcoz, *op. cit.*

préférable pour eux de veiller à les contrôler ! Il faut être dur, sans état d'âme, participer à la guerre économique – terme qui justifie des « pertes » et un manque de respect envers autrui – et surtout ne s'autoriser aucun sentimentalisme. Si les jeunes cadres et les femmes ne se retrouvent pas aujourd'hui dans ce schéma, les autres devraient aussi réfléchir à l'impact de ce type de contrainte sur eux-mêmes lorsqu'ils sont, non plus du côté des gagnants, mais des perdants ! Selon une femme-cadre, la situation se présente ainsi : « *Les filles sont plus affectées par le stress du fait qu'elles ont moins confiance en elles, et parce qu'elles doivent faire davantage leurs preuves. Or, pour encadrer des personnes, il est capital d'avoir confiance en soi, ou du moins de faire semblant. Et pour cela, il faut parfois jouer le mec, cacher ses peurs, encaisser sans broncher…* ». Travaillant dans une multinationale d'origine américaine, une cadre commerciale renchérit : « *Le fait que je sois une femme dans un business d'hommes me met encore plus de pression sur les épaules. Une femme qui réussit n'est pas vraiment acceptée dans mon business très masculin* ».

Une fois de plus, tous les cadres ne sont pas exposés de la même façon à ce qu'il est convenu d'appeler une souffrance au travail. Les cols-blancs des petites entreprises se disent plus stressés dans la plupart des sondages que leurs homologues. Peut-être parce qu'ils profitent des enquêtes pour prendre une parole qui leur est encore moins laissée qu'aux autres. Reste qu'à tous les niveaux de la hiérarchie, il est possible de trouver des manifestations de dérèglements physiques et psychiques. Et les cadres à haut potentiel ne sont pas épargnés. On repère même chez eux des formes particulières ou plus intenses de malaise.

Sous le titre *Illusion et désillusion professionnelle*[1], Nicole Aubert et Max Pagès proposent dans la quatrième partie de leur ouvrage le cas de « Gaston ». Une illustration parfaite des risques liés aux carrières héroïques reposant sur le besoin et l'obligation d'une réussite éclatante et rapide. Ces parcours ne préparent ni aux

---

1. Nicole Aubert et Max Pagès, *Le stress professionnel*, Paris, Méridiens-Klincksieck, 1989.

échecs, ni aux remises en cause profonde et encore moins aux changements radicaux subis lors d'une restructuration, par exemple. La perte de prestige ou de pouvoir qui s'ensuivent, ne sont-elles pas ce qui attend tout cadre à haut potentiel après une « délabellisation » réelle ou imaginée ? On a ainsi pu appliquer la notion de « burn-out » – ou brûlure interne – à certains cadres hantés par la réussite. Lorsqu'un accident de carrière survient, il se transforme en cataclysme, tout simplement parce qu'ils avaient tout misé sur la sphère professionnelle. L'épuisement professionnel qui frappe les personnes menant un objectif professionnel de façon quasi obsessionnelle, se développe chez des individus ayant des difficultés à prendre du recul et/ou travaillant au sein d'un environnement organisationnel prônant l'excellence.

La névrose d'excellence constitue justement un cas possible de névrose professionnelle. Elle relève d'une logique du « toujours plus » enfermée dans un Moi-Idéal qui fait écho à la pression à la réussite et aux objectifs organisationnels qu'elle matérialise. En cas d'échec professionnel, de mise à l'écart, de problèmes de santé ou de perturbations dans la vie privée, la personne risque de se trouver vidée de cet idéal qui ne lui appartenait pas vraiment mais faisait office de Moi. Le vrai Moi fait alors cruellement défaut. Abandonné par l'entreprise, vide d'identité, le cadre devient étranger à lui-même. De nombreux cas cliniques montrent que ce type de pathologie se développe en particulier dans des populations soumises à des objectifs élevés et poussées à des logiques carriéristes dont l'ambition sans fin est le principal ressort.

Le casse-tête de la double vie des cadres

L'ensemble des manifestations de stress et leurs causes peuvent être utilement synthétisés autour de la notion de tension qui renvoie au grand écart que, plus que tout autre, le cadre doit négocier sans cesse, entre temps et urgence, entre présence familiale et implication au travail… Ses rôles oscillent entre des pôles souvent contradictoires et difficiles à concilier, ce que justement le terme de tension tente de traduire.

La première de ces tensions concerne la carrière face à la vie privée. L'exemple des femmes-cadres en est une bonne illustration. L'envahissement de la sphère privée que subissent les cadres à haut potentiel en est une autre tout aussi probante. Il existe souvent chez eux un déséquilibre entre le temps consacré au travail et celui réservé à la vie hors travail. « *J'ai fait beaucoup de sacrifices, comme moins voir mes enfants, faire de longues journées, ramener du travail chez moi le soir ou le week-end.* », avoue l'un, âgé de 33 ans. « *Je suis parti environ 130 jours par an loin de chez moi, ce qui pose de nombreux problèmes personnels* », explique un autre de 42 ans, responsable d'une importante région du monde. Enfin, plus généralement, rappelons que 68 % des cadres emportent du travail chez eux, contre 29 % des autres salariés, et 55 % y reçoivent des appels téléphoniques professionnels (sondage CSA-*Liaisons Sociales*, avril 2001) ! Comme le disait une jeune cadre de 25 ans lors d'un entretien : « *Le problème, c'est le stress que l'on ramène chez soi. Il crée des tensions dans le couple et peut conduire au divorce comme dans le cas d'un couple d'amis à moi. Nous les cadres, on n'est pas comme les employés. Nos responsabilités, nos problèmes de décision on rentre avec, on ne peut pas les laisser au travail enfermés dans la routine des 35 heures par semaine !* »

Une autre tension, très forte chez tous les cadres qui cherchent à s'épanouir en réalisant une carrière ambitieuse, est celle entre le plaisir indéniable qu'ils trouvent au travail et les sacrifices qu'ils doivent en même temps consentir. Pris dans la spirale de la réussite, certains y sont en quelque sorte condamnés. Les exigences en termes de charge de travail, de mobilité et de disponibilité, expression de la demande d'engagement sans faille de l'entreprise envers ses managers-clés, font peser sur les cadres à haut potentiel de lourdes contraintes se répercutant jusque dans la vie hors travail. L'intérêt des postes et des missions, les signes de reconnaissance perçus ou encore les perspectives d'évolution, sont des facteurs de satisfaction fréquemment évoqués par le top management. Toutefois, le contexte général d'exercice de cette tension entre sacrifices et plaisirs est celui de l'incertitude, à des degrés plus ou moins forts. Le mot d'ordre étant à la remise en cause permanente, stimulée par l'incertitude sur la permanence du label « à haut potentiel », on peut imaginer qu'il soit difficile de ne pas craquer !

Il est possible d'échapper en partie à cette tension entre vie privée et vie professionnelle. Ceux qui ont la capacité à se créer des règles d'existence et à s'y tenir fermement, parviennent à préserver les différents espaces de leur vie[1]. C'est donc en eux-mêmes et/ou auprès de leurs proches, que les cadres doivent trouver les ressources pour empêcher l'irréversible. Lors d'entretiens, certains décrivent la mise en place de telles stratégies : « *J'ai vraiment deux vies. Mon trajet de chez moi au travail est long mais c'est une chance. Il constitue un sas qui me permet de faire la coupure. A la maison, il n'est pas question de parler boulot, ma femme est pharmacienne, elle ne connaît rien à l'entreprise et on a d'autres choses à se raconter que des ennuis de job.* »

Des entreprises aident aussi certains de leurs collaborateurs à se débarrasser des situations de stress en offrant, par exemple, des formations avec des sophrologues, des séances avec des psychologues... Un cadre à haut potentiel américain du groupe Lafarge explique, par exemple, comment l'entreprise l'a aidé à résoudre ses problèmes personnels : « *Entre 90 et 92, ma femme voulait un enfant mais il était hors de question de l'avoir où je travaillais, c'est-à-dire en Allemagne de l'Est ! En 90, le système téléphonique était archaïque là-bas, ma femme était restée à Paris et je devais faire des allers et retours tout le temps... Cela a mis notre couple en péril et nous sommes passés près de la rupture... Elle m'a rejoint lorsque j'ai été muté en Autriche et Lafarge nous a offert un soutien psychologique en nous payant un psychothérapeute familial pendant un an.* »

---

1. La littérature, principalement américaine, sur le « coping » relève de ce thème.

Homme-orchestre : multi, pluri, poly… valent !

Autre tension majeure, celle qui prend sa source dans le paradoxe que vivent les cadres entre une autonomie désirée – mais souvent trop forte – et un manque de marge de manœuvre ressenti dans de nombreux domaines. Comme l'indiquent clairement deux ergonomes[1], les cadres décident, contrôlent, assurent le maintien de l'organisation du travail, arbitrent entre différentes logiques, temporisent et gèrent les conflits humains à chaud, rendent des comptes sur leurs performances… Seuls face à leurs responsabilités, ils sont plus que jamais contrôlés sur les résultats et non sur les processus. « *Vous êtes autonome pour faire avec les moyens que l'on vous octroie, mais vous savez que l'on vous attend sur l'atteinte d'objectifs fixés par d'autres !* », précise un cadre en résumant l'état d'esprit du management par objectif et de l'organisation en centres de profit. Dans le même temps, les moyens manquent, la pression temporelle est élevée, les contrôles internes fréquents, les délais et les exigences en termes de coûts sont renforcés par la concurrence, les contraintes juridiques et bureaucratiques qu'elles proviennent de l'Etat ou de l'entreprise. Enfin, les objectifs ne brillent pas par leur clarté, les consignes, directives ou stratégies sont floues, conduisant certains cadres à demander plus de règles, plus de transparence et plus d'équité.

La troisième tension est le très classique écart entre le travail prescrit (ce que je dois faire) et le travail réel (ce que je fais). Il existe pour tous les salariés mais revêt des formes particulièrement intenses pour les cadres confrontés à de multiples sources de prescription. Comme en témoigne un responsable de centre d'appel qui doit se conformer à des injonctions incroyablement nombreuses : « *Il y a d'abord le service marketing stratégique qui pond des nouveaux contrats avec des délais de réponse et des degrés de qualité de maintenance. Puis, les services de contrôle de gestion et les différentes directions qui exigent toutes des reportings, des rapports d'activité… Les clients*

---

1. Voir Gabriel Carballeda et Alain Garrigou, « Derrière le stress, un travail sous contrainte », *in* Bouffartigue (dir.), *op. cit.*

© Editions d'Organisation

les plus mécontents qui nécessitent une prise en charge particulière s'ajoutent aux autres procédures largement encadrées par l'outil informatique. Les systèmes d'information supposent des actions préventives, des modifications périodiques qui font intervenir des consultants externes déployant leur propre logique projet avec des démarches calibrées… »

Sans cesse, il faut établir des priorités, faire le tri, pondérer les jugements internes ou externes, définir ce qui pourra être assoupli ou ce qui devra être impérativement suivi à la lettre et surtout replacer toutes ces dimensions techniques et procédurales dans un contexte managérial. Qui donnent des ordres ? Puis-je être aussi exigeant avec tel collaborateur qui a eu un problème de famille ? Ce jeune débutant peut-il atteindre un objectif exigeant, fixé sur une moyenne globale d'un service plutôt « âgé » et par des contrôleurs de gestion méconnaissant la réalité quotidienne du fonctionnement du service ?

Finalement, le cadre passe son temps à traduire, à interpréter les consignes, ordres, injonctions, demandes qui émanent de toutes parts. Il lui faut arbitrer, souvent sans trop savoir sur quels arguments tangibles, en faisant valoir son expérience et son flair. Certains postes de cadres sont aussi spécialement exposés aux logiques-métiers. Les chefs de projet en savent quelque chose. Comment bâtir des compromis entre des commerciaux pressés de vendre un produit qui leur manque pour répondre à la concurrence et un service développement soucieux de « belle technologie » et de coût de fabrication ? Homme-orchestre, diplomate ferme, marieur des contraires, voilà ce qu'est aussi un cadre !

Entre le marteau des objectifs et l'enclume sociale

La dernière tension est aussi probablement la plus difficile à supporter : elle concerne le problème social et éthique devant lequel se retrouve tôt ou tard un cadre. D'un côté, un manager gère des individus dont il doit prendre en compte les aspirations, les problèmes tant professionnels que personnels. De l'autre, il représente le principal rouage de la recherche d'efficience. Pour preuve l'histoire de cet encadrant intermédiaire de 50 ans: « *La décision était prise en haut, mais c'était à moi de l'appliquer. Je devais annoncer à l'un de mes collaborateurs qu'il était sur la liste pour le plan social. Malheureusement, sa femme travaillait aussi pour l'entreprise, dans une unité sous-traitante qui nous est directement rattachée. Il a vite compris qu'elle risquait aussi d'être lourdée et m'a expliqué qu'il venait de s'acheter leur maison… J'ai passé quinze jours à me confronter à des situations de ce genre, j'en suis sorti lessivé, laminé.* »

Les cadres sont en effet à la jonction entre les réalités quotidiennes et humaines de la vie de l'entreprise d'une part, et les exigences de rentabilité, d'autre part. Comment donner du sens aux aspirations des subordonnés et les rendre cohérentes avec une réalité économique plus ou moins claire, favorable et contraignante ? L'encadrement de niveau moyen est confronté plus que jamais aux décisions changeantes et de court-terme de la technostructure, et à la nécessité de déployer des moyens à long terme pour fidéliser, former et faire évoluer leurs subordonnés. En tant que praticien de la GRH, le cadre vit au quotidien le rythme nécessairement lent du développement du personnel tout en devant répondre aux pressions d'efficacité immédiate en provenance des services financiers et des actionnaires. Si cette tension entre l'économique et le social est plus évidente à imaginer au sein des grandes entreprises, elle n'y est pas nécessairement présente. Les cultures d'EDF-GDF, d'Auchan ou de Lafarge par exemple, sont basées sur des philosophies de développement prudent et de respect des hommes qui peuvent atténuer quelque peu ces tensions. Les petites entreprises quant à elles, peuvent être tournées vers des logiques de profit immédiat, souvent parce qu'elles jouent des rôles de sous-traitance ou bien parce qu'elles agissent sur des marchés où la concurrence par les prix domine, ne laissant ainsi aucune marge de manœuvre à ceux qui doivent toujours trouver de nouveaux gisements de productivité parmi leur personnel.

L'issue, pour éviter d'être submergé par ces diverses tensions, est sans aucun doute la compétence d'intégration. Un cadre a de grandes chances d'être amené durant sa carrière à s'occuper d'intégrer des cultures nationales, professionnelles où d'entreprises différentes à la suite d'une impatriation, d'un rapprochement de services ou d'une fusion-acquisition. Très fréquemment, il devra intégrer les impératifs financiers et les nécessités sociales, les rapprocher, les faire se rencontrer sans se confronter. Il sera préférable aussi pour lui de tenter d'intégrer son engagement professionnel avec son épanouissement en dehors de la sphère du travail, s'il veut atteindre un certain équilibre de vie.

Vouloir réduire ces tensions qui ont par ailleurs toutes les chances de se répandre dans les entreprises de demain n'est donc ni possible ni souhaitable. C'est seulement en les replaçant dans des enjeux plus vastes, en cherchant à leur donner du sens, qu'un cadre pourra éviter de les porter seul et de les subir. L'exercice est difficile, consommateur d'énergie et de temps, mais il est certainement le seul moyen pour éviter le stress et les risques sur la santé qui découlent tôt au tard d'une absence de volonté de concilier les contraires ou d'un rejet pur et simple d'une des parties du problème. Un cadre ne peut se résumer à un simple collègue sympathique pour ses subordonnés, pas plus qu'à un chef autoritaire ; il ne sera jamais non plus réductible à un actionnaire ou à l'inverse, à un simple salarié totalement dominé par des raisons qui le dépassent. Il est tout à la fois, un entre-deux conscient de son rôle de traduction et d'intégration au sein de son entreprise.

Entretien avec Jean-François CHANLAT, professeur à l'Université Paris 9-Dauphine et à HEC Montréal. Le stress des cadres : mythes et réalités à l'aube du 21e siècle

A partir de 1985, vous avez publié de nombreux articles tendant à relativiser les cris d'alarme de certains de vos collègues relatifs au stress des managers...[1]

– Oui, cela faisait quelques années que dans les pays anglophones surgissaient de nombreuses publications sur le stress des managers où on y décrivait un cadre aux prises avec le stress et les maladies cardio-vasculaires qui sont les plus souvent retenues pour ce type de population. Face à cette vision largement relayée par la presse, j'ai proposé – à partir de données épidémiologiques disponibles – ma propre étude. J'ai montré que les cadres, notamment supérieurs, et contrairement aux idées reçues, avaient une espérance de vie bien supérieure et des taux de morbidité bien inférieurs à celle et ceux des ouvriers et employés. Et cette constatation était valable dans tous les pays industrialisés et ce depuis plusieurs dizaines d'années.

Et comment expliquer un tel écart ?

– Il résidait à la fois dans les causes biologiques et psychosociales, ces dernières étant les plus significatives. La charge de travail, le degré d'autonomie, le niveau de reconnaissance et de soutien social sont les éléments clés de l'explication. Ainsi, des études scandinaves, anglo-saxonnes et françaises démontrent que lorsque le travailleur a une charge très forte et peu d'autonomie, l'effet combiné sur la santé est négatif[2].

1. Voir les trois articles parus en 1985 et 1986 dans la revue canadienne *Gestion* sur le stress des cadres de direction masculins et féminins. Plus récemment : « Nouveaux modes de gestion stress professionnel et santé au travail », *in* I. Brunstein (dir.), *L'homme à l'échine pliée - réflexions sur le stress professionnel*, Paris, Desclées de Brouwer.
2. On peut se référer notamment à : Karasek R. et R. Theorrel, 1990, *Healthy work*, New York, The Free Press, ou à : Dejours C., 1993, *Travail et usure mentale*, Paris, Bayard.

En revanche, dans le cas où le salarié bénéficie d'une forte charge et de beaucoup de liberté dans l'organisation de son travail, les effets sont cette fois positifs. Le fait d'être reconnu et de disposer d'un soutien tant au travail qu'en dehors (famille, amis...) peut aussi diminuer l'impact d'une charge de travail élevée et donc les dégâts sur la santé.

Mais aujourd'hui, ces écarts sont-ils toujours favorables aux cadres ?

– *Les données les plus récentes que j'ai pu consulter ne semblent pas infirmer les résultats obtenus il y a une quinzaine d'années. Toutefois, il reste que le sentiment d'être stressé a très largement augmenté chez les managers et les cadres. Ils sont plus exposés qu'auparavant au mauvais stress.*

Et si certaines pratiques de gestion actuelles se perpétuent, on peut estimer raisonnablement que cela ne va pas aller en s'améliorant. En effet, les éléments qui font le cercle vertueux du travail chez les cadres semblent avoir été remis en cause. Charge de travail importante, large autonomie, forte reconnaissance et fort soutien social s'orientent dans de nombreux secteurs vers un cercle plus vicieux : charge de travail identique voire accrue, réduction de l'autonomie, moins de reconnaissance et éclatement des repères sociaux. Si ce phénomène affecte tous les salariés, il épargne de moins en moins les cadres. A cet égard, les nouveaux modes de gestion qui prônent la flexibilité tous azimuts, le rendement financier maximal, la réduction des temps morts, etc... provoquent un sentiment de stress élevé.

Finalement, de nombreux cadres, qui ont créé les conditions de travail et les pratiques de gestion pendant longtemps, sont maintenant dessaisis de nombreuses marges de liberté et deviennent à leur tour victimes de méthodes de management à la mode...

– On peut en effet parler de slogans et d'incantations autour de la réingéniérie des processus, des restructurations, des fusions-acquisitions, de la mobilité, de la qualité ou encore de la création de valeur, tous poursuivant l'objectif d'améliorer

*l'efficacité et surtout le rendement financier afin de conten-
ter les actionnaires. Le paradoxe est que ces actions entreprises au nom de la sacro-sainte compétitivité s'avèrent dans la
majorité des cas des échecs financiers et commerciaux alors
qu'ils ont été par ailleurs source de stress, de désengagement
et de désillusion chez de nombreux managers[1].*

**Pour vous, il ne faut donc pas faire l'impasse sur les valeurs
qui orientent l'action managériale lorsqu'on veut bien saisir
la question du stress professionnel des cadres...**

*Oui, absolument. Les cadres et les managers qui sont au cœur
des décisions de gestion doivent toujours s'interroger sur les
effets sociaux des choix qu'ils ou elles font. Car, selon le cas, ils
peuvent entraîner une détérioration ou une amélioration de
l'économique sans que l'on puisse lui dissocier le social. Il en
va de l'intérêt des cadres eux-mêmes de choisir à chaque fois
les solutions qui vont dans le sens de plus de bien-être, car ces
choix peuvent ne pas être incompatibles avec les notions de
performance. Bien au contraire. A chacun, cadres comme salariés, de travailler dans son propre environnement à des solutions qui associent étroitement la charge de travail exigée,
l'autonomie, la reconnaissance et le maintien d'une solidarité
collective.*

---

1. Voir par exemple l'ouvrage de Wolman W. et R. Colamosca, 1997, *The
Judas Economy - The triumph of capital and the betrayal of work*, New York, Addi-
son-Wesley.

Conclusion

A l'issue de ce voyage « au pays des cadres perdus », il faut revenir à l'abrupte question du départ ; les cadres ont-ils disparu, et avec eux leur image, leur statut et leur parcours socioprofessionnel ?

Pour une large part, la réponse est oui. Pourtant, la frontière symbolique entre non-cadre et cadre devrait se maintenir pour au moins quatre raisons. D'abord, tant qu'il y aura des industries traditionnelles comme l'automobile, il y a de fortes chances que perdure une gestion du « passage cadre » comme moyen de stimulation et de promotion interne. Ensuite, le politique au sens large ne semble pas encore prêt à toucher aux organisations catégorielles sur lesquelles s'appuie le statut de cadre. Mais une refonte du système de retraite ou une réforme du système judiciaire pourraient arriver plus vite qu'on ne le croit, et produire comme « effets collatéraux » la suppression du régime cadre de prévoyance ou de la section cadre des conseils des prud'hommes... De plus, la négociation salariale continue à produire – tant au niveau national que des entreprises et des branches professionnelles – des avenants-cadres qui fixent des frontières conventionnelles très nettes entre non-cadres et cadres (indices – seuils de rémunération par exemple). Enfin, pour de nombreux fils et filles de parents ouvriers ou employés, le statut tant envié pourrait continuer à être attirant, tout au moins parce qu'il offre un accès à d'autres perspectives d'évolution. Pourtant, l'attraction n'est plus aussi évidente qu'auparavant, les salariés ayant bien compris qu'une augmentation de la charge de travail sans augmentation de l'autonomie notamment, peut représenter un désavantage difficile

171

à compenser par des niveaux de salaire et de prélèvements pas toujours incitatifs, surtout en début de carrière.

On assiste donc au chant du cygne du terme « cadre » et par conséquent à la lente disparition d'une spécificité française. Mais ceci n'annonce ni une fin définitive ni l'avènement d'un vide (qu'une société ne peut supporter très longtemps d'ailleurs), mais plutôt une reconfiguration et la création de nouvelles frontières et de nouvelles figures sociales. La distinction non-manager/manager, ou si l'on préfère, non-encadrant/encadrant est devenue déterminante. Elle signe le relatif déclassement des compétences techniques et de l'expertise au profit des compétences de communication, des savoir-être, des attitudes, des comportements... Elle fait curieusement la part belle aux facteurs psychologiques et subjectifs en matière de gestion des Hommes, alors que les entreprises se targuent plus que jamais de contrôle et d'analyse objective sur les bases de données financières, quantitatives et d'outils rationnels de gestion qui auraient fait leurs preuves.

Une autre frontière s'est aussi instituée dans les grandes entreprises, en lieu et place des systèmes de cooptation par le seul diplôme. En effet, la différence entre les dirigeants et les autres salariés n'a jamais été aussi forte, la gestion des cadres à haut potentiel instaurant de façon nette, bien que secrète, les règles et les rituels de passage. Les entreprises s'ingénient pourtant à faire croire à leurs salariés, et à leurs cadres en particulier, qu'avec les dirigeants ils partagent les mêmes soucis et les mêmes avantages. Mais l'effondrement en bourse de grandes entreprises transnationales encensées pendant un temps, devrait en faire réfléchir plus d'un. La communauté des dirigeants est hors de portée, exempte de la crainte d'être révoquée et toujours prompte à ouvrir un « golden parachute » pour l'un de ses membres. Un cadre largement payé en actions de sa société risque, quant à lui, en cas de chute des cours, non seulement son emploi, mais aussi ses économies, ses projets personnels d'investissement et peut-être sa retraite...

Le modèle anglophone est donc en train de largement pénétrer le tissu économique et les politiques de GRH. Une nouvelle hiérarchie se dessine ainsi : en haut les dirigeants (executives), puis le « top » et le « middle » management, et enfin, les cadres-producteurs, des ingénieurs ainsi que les experts non déterminants pour l'avenir de l'entreprise. Le resserrement sur les hommes-clés et la centralisation des pratiques de gestion des « top managers », stimulent également des façons de faire recelant de nouvelles formes d'élitisme et d'individualisme.

Une autre question était sous-jacente à l'ensemble de l'ouvrage : en quoi consiste le métier de manager ? Il n'est déjà pas sûr que le manager est, par opposition à un expert ou à un cadre-producteur, un métier au sens classique du terme[1]. Le manager n'a pas toujours une idée claire de ce qu'il doit faire, il joue un rôle de tampon entre des injonctions, des attentes et des contradictions qui proviennent d'un grand nombre d'acteurs : pairs, clients, fournisseurs, direction générale, actionnaires, subordonnés, supérieurs hiérarchiques... Il doit traduire les demandes émanant de fonctions et de métiers possédant des langages et des objectifs divers, en tentant de les mettre en cohérence pour un temps, afin d'obtenir la coopération minimum pour atteindre les résultats exigés.

Ces aspects de l'activité managériale doivent aussi attirer l'attention sur le fait que le manager manage mais qu'il est aussi managé ! Ce qui conduit à faire deux remarques essentielles : le manager est évalué et son autonomie est contrôlée. En effet, non seulement il passe une partie non négligeable de son temps à évaluer ses collaborateurs, mais il est aussi jugé en permanence sur sa performance, son attitude, ses compétences relationnelles, son engagement... De plus, la sacro-sainte autonomie du cadre n'a jamais autant été remise en cause et transformée. Les NTIC, les

---

1. Nous reprenons ici certains éléments de la très stimulante réflexion d'Hervé Laroche parue dans : « Le manager en action : les jugements et l'attention », *in* Desreumaux A., M. Marchesnay et F. Palpacuer (dir.), *Perspectives en management stratégique*, tome VII, Paris, EMS, 2001, pp. 19-42.

35 heures, les logiques de flexibilité… ont réduit les marges de manœuvre de nombreux cadres non-encadrants mais aussi de certains managers. Surtout, les restructurations des entreprises, les logiques d'urgence et de changement permanent ainsi que les mutations des systèmes productifs, ont réveillé la paradoxale injonction du « soit autonome dans la réalisation du travail, on te contrôlera sur tes objectifs ». Comme les moyens peuvent venir à manquer, comme le contrôle peut devenir omniprésent et comme les objectifs peuvent changer au gré des retournements straté-giques incessants, cette autonomie devient bien difficile à cerner.

Cette complexification des frontières des entreprises et des systè-mes de gestion fixant les limites entre contrôle et autonomie, on la retrouve aussi au niveau du manager lui-même. Ses rôles semblent plus déterminants et diffus à la fois et les sphères profes-sionnelles et privées se dissolvent dans le grand creuset des activi-tés humaines toujours plus interdépendantes.

L'ensemble de ces évolutions ne sont bien évidemment pas neutres et ne sont pas exemptes d'effets pervers, comme les mécanismes de précarisation que les cadres ont globalement ignoré pendant long-temps. Certaines des pratiques de GRH qui ont été évoquées tout au long de cet ouvrage, peuvent être contre productives pour les entreprises qui les mettent en œuvre, mais elles ont surtout, dans certains cas, des effets désastreux sur les individus eux-mêmes.

Quelques pistes de réflexion, règles et valeurs concrètes peuvent être proposées aux entreprises pour tenter d'éviter quelques uns de ces écueils.

Il serait par exemple intéressant de supprimer la connotation par trop élitiste de cette notion de potentiel de plus en plus présente parmi les préoccupations des DRH. Au lieu de s'en tenir aux seuls cadres à haut potentiel, pourquoi ne pas réfléchir à une gestion des potentiels de tous les salariés, professionnels ou managers ? Ne pourrait-on pas imaginer plusieurs temps de détection des talents durant les phases de développement de la carrière, afin de respecter les différences de développement individuel ? Pour lutter contre la déconnexion de certains « top managers » face aux réalités des métiers et aux contraintes du marché, les directions des ressources humaines ne devraient-elles pas limiter les rotations de poste, faisant éloge ainsi d'une certaine lenteur, mais surtout d'une plus grande responsabilisation des « décideurs » face aux résultats de leurs actes à moyen et long terme ?

Le cas des experts rejoint cette réflexion. La plupart du temps oubliés au profit des managers, ils sont pourtant les garants de la performance de demain puisqu'ils jouent un rôle souvent déterminant dans les processus d'innovation. Les DRH pourraient utilement se pencher sur les sources spécifiques d'implication de ce type de population de cadres afin de proposer des itinéraires professionnels individualisés. Individualisation non pas pensée pour mieux contrôler mais pour mieux donner sens aux attentes de salariés qui entretiennent une certaine distance avec les enjeux de commandement des Hommes.

Certaines entreprises ne pourront pas éternellement continuer à ne se soucier que de leur rentabilité. Les organisations productives sont ancrées dans la société, le nier pourrait les conduire à une myopie dangereuse. Ainsi, face à la raréfaction de certaines compétences pointues sur le marché du travail et surtout face aux défis démographiques qui attendent les « vieux pays industrialisés », il est grand temps de repenser toute la gestion des « plus de 50 ans ». Une vraie politique de gestion des fins de carrière, axée sur le départ progressif, sur le tutorat, sur la capitalisation des savoirs et sur le consultanat interne, constituerait une attitude plus réaliste et plus responsable que les actuels départs en retraite anticipée ou que les licenciements systématiques de cadres considérés « en fin de vie » comme de vulgaires produits.

Toujours autour de cette idée de carrière, le déplafonnement des parcours des femmes-cadres semblent plus que jamais urgent à mettre en place. L'addition du jeunisme et du machisme conduit à privilégier les seuls jeunes hommes-cadres. Pourtant, après 40 ans, les femmes ont souvent envie de relancer activement leur carrière et de développer leur potentiel. Un mélange de volonté, de courage managérial et d'explicitation de règles concrètes peut permettre d'atteindre de tels objectifs d'égalité des chances en matière d'accès aux poste à responsabilité. Je ne prendrai comme exemple que le cas d'une grande entreprise où j'ai conseillé au directeur de la gestion des cadres à haut potentiel d'appliquer un principe simple : « après être entrée dans la liste des cadres à haut potentiel, toute femme se déclarant enceinte sera automatiquement maintenue pendant deux ans au sein de cette liste ». Règle inconnue des femmes-cadres mais néanmoins affichée à travers des valeurs d'équité, elle permet d'éviter l'élimination « naturelle » des femmes-cadres entre 30 et 40 ans ayant pourtant de fort potentiel d'évolution.

C'est plus globalement une véritable réflexion éthique que j'appelle de mes vœux. Non pas un discours pour légitimer le pouvoir en place et éviter de se confronter aux exigences de la responsabilité sociétale de l'entreprise, mais tout simplement pour lutter contre les inégalités et les discriminations avec des outils différents que ceux déjà disponibles dans les textes réglementaires et législatifs. Racisme, sexisme, homophobie, rejet de la vie psychique et des émotions… sont sources de désimplication, de stress, de souffrance inacceptables et contre performantes. Pourquoi les cadres ont-ils tant de mal à exprimer leurs idées, leurs émotions, à parler d'eux-mêmes ? L'acceptation des différences et leur transformation en complémentarités enrichissantes est un objectif à se fixer sans utopisme mais en toute connaissance de cause.

Si ces conseils s'adressent avant tout aux entreprises et à leurs directions des ressources humaines en particulier, il est aussi possible de formuler quelques recommandations en direction des cadres eux-mêmes.

De façon générale, nombre d'entre eux ont bien compris aujourd'hui que, ni ils ne doivent, ni ils ne peuvent, se contenter d'attendre que leur employeur s'occupe d'eux. Au mieux, ceux-ci ont tendance à ne s'intéresser qu'à leur employabilité interne, celle qui repose sur les éléments spécifiques en termes de culture, de valeurs ou de marchés dont chaque entreprise – considérée indépendamment – a besoin. Se former, se tenir au courant des évolutions des marchés du travail potentiels, entretenir un réseau... sont des nécessités toujours d'actualité. En même temps, les entreprises qui réussiront le mieux seront celles qui investiront vraiment sur leurs cadres et qui sauront les fidéliser. Mais à la différence de leurs aînés, il y a peu de chances que mêmes les plus fidèles oublient de prêter une oreille attentive aux sirènes venant de l'extérieur.

Ces comportements nés avec l'élaboration d'une distance suffisante et assumée entre l'employeur et le cadre, ne sauraient pourtant rimer avec individualisme. Le « nouveau cadre » devra trouver le chemin d'une action collective encore largement à inventer. De nombreuses questions essentielles ne trouveront en effet de solutions qu'à travers une discussion qui transcendera les particularismes des situations de travail et des profils de chacun.

Dans la fonction publique par exemple, les personnels de niveau A ayant un rôle dans la réflexion (et la mise en place) de nouveaux outils de gestion, ont tout intérêt à se coaliser pour entamer un débat relatif à l'importation de ces instruments – à la mode dans la sphère privé – vers la sphère publique. La gestion de projet, le contrôle de gestion, l'évaluation annuelle des performances, ont-ils un sens à l'hôpital, au sein des Armées... ? Les cadres pourraient dénoncer les dérives managériales de certains dispositifs et être une source de propositions pour une alternative plus respectueuse du bien commun et de l'intérêt général.

Dans les PME-PMI, là où ils sont souvent les plus isolés, les cadres pourraient négocier le développement de bourses de postes liées à des bassins d'emplois dans lesquels des entreprises non concurrentes leur proposeraient des formes de multi-emplois ou des carrières organisées et cohérentes consistant à passer d'une entreprise à une autre. Plutôt que de subir des systèmes de gestion qui leur conviennent plus ou moins, les nouveaux cadres ont à inventer des solutions – certes compétitives – plus respectueuses des enjeux sociaux et prenant mieux en compte leurs expériences concrètes des situations de management.

Enfin, un autre thème devrait être abordé de toute urgence, surtout à l'aube d'une remise en cause des 35 heures. Quel que soit le type d'encadrants, le problème de la gestion de leur charge de travail et de celle de leurs équipes pourrait être utilement relancé. Les indicateurs de performance, les logiques souvent contraignantes émanant de l'intégration des systèmes informatiques, le contrôle des objectifs à atteindre, etc. pourraient faire l'objet de délibérations entre tous les acteurs, de ceux qui les pensent à ceux qui les utilisent, les analysent... Se saisir de ce sujet serait aussi pour les nouveaux cadres l'occasion de reprendre en main la question des effectifs nécessaires à l'accomplissement de leur activité. Exiger de la transparence et de la discussion autour des critères qui fixent la charge de travail, permettrait de mieux prendre en compte les aspects sociaux, de rétablir un lien plus clair entre rétribution et résultats tant individuels que collectifs et enfin, de donner des leviers concrets et utiles aux managers pour accompagner leurs équipes au quotidien.

La réinvention du statut, du métier et de la position des encadrants et des professions intellectuelles supérieures est en marche. Pour qu'elle aboutisse à une situation viable et satisfaisante, aussi bien pour les intéressés que pour les entreprises, il faudra accepter bien des changements encore trop timides aujourd'hui. Ouvrir la boîte noire du travail réel de ces « nouveaux cadres », repenser les équilibres entre temps de travail et sphère privée, accepter et gérer les différences entre les divers profils de managers pour en faire une source de richesse, rééquilibrer le poids des comportements et des attitudes face à l'expérience et la connaissance dans les systèmes d'évaluation, cesser de se centrer sur les 30-40 ans pour redécouvrir les aspects complémentaires de chaque âge, accompagner plus systématiquement les managers lors des moments clés de leur carrière en étant plus tolérant face aux échecs... sont autant de

chantiers cruciaux dont dépendra l'émergence d'un nouvel encadrement moins plongé dans la précarité, le court-termisme, l'individualisme et le machisme, et donc plus engagé dans les enjeux
déterminants des transformations socio-économiques qui se dessinent en ce début de millénaire.

Présentation du cabinet RC Management

Le cabinet RC Management a été créé en 1999 par l'auteur et assure des missions de conseil ayant pour but d'aider et d'accompagner des décideurs dans les processus de prise de décision stratégiques relatives au domaine de la gestion des Hommes.

En amont de cette activité, il répond à des appels d'offre de recherches publiques ou privées ; la plus récente a porté sur la gestion de la charge de travail dans le secteur des services. Ces activités d'études et de recherche ont pour principal objectif de construire des connaissances solides qui nourrissent l'activité de conseil. En aval, le cabinet monte des actions de formation professionnelle continue qui peuvent, par exemple, compléter la phase d'aide à la prise de décision. Les derniers séminaires mis en place ont porté sur des thèmes comme « Le management d'une équipe projet » ou « Pouvoir, cultures et gestion des conflits interpersonnels ».

Le cœur de l'activité consiste en l'aide au diagnostic avec des méthodes appropriées, en la réorientation des politiques RH, en la mise en place de suivi personnalisé de type coaching ou encore, en un suivi et une aide au pilotage des processus de changement. Le cabinet propose donc de co-construire des solutions innovantes dans un champ délimité où il possède une forte expertise, une reconnaissance tant du monde académique que des moyennes et grandes organisations privées et publiques, ainsi qu'une connaissance relative aux pratiques des groupes internationaux les plus avancés.

Tous ces aspects sont présentés et développés sur le site www.RCManagement.com qui permet aussi de mieux connaître l'équipe du cabinet et d'entrer en contact avec elle.

Bibliographie

Cette bibliographie reprend les articles et livres cités dans cet ouvrage. Vous pouvez consulter une bibliographie plus complète comportant quelques 400 références à l'adresse suivante :

http://www.editions-organisation/livres/falcoz

ATKINSON J., 1984, Manpower strategies for flexible organizations, *Personal Management*, vol. 16, n° 8.

AUBERT N. et M. PAGES, 1989, *Le stress professionnel*, Paris, Méridiens – Klincksieck.

AUBERT N. et V. De GAULEJAC, 1991, *Le coût de l'excellence*, Paris, Seuil.

BADINTER E., 1992, *XY – De l'identité masculine*, Paris, Editions Odile Jacob.

BARON X., 2001, « Penser la productivité du travail immatériel et qualifié », in P. BOUFFARTIGUE (dir.), *Les cadres : la grande rupture*, Paris, collection Recherche, Editions La Découverte.

BBC (Bernard Brunhes Consultants), 1999, *Le temps de travail de ceux qui ne le comptent pas*, Paris, Editions d'Organisation.

BELLE F., 1990, « Les femmes cadres – quelles différences dans la différence ? », in J-F. CHANLAT (dir.), *L'individu dans l'organisation – les dimensions oubliées*, Québec, P.U.L. et Editions Eska.

BELLIER-MICHEL S., *Les savoir-être dans l'entreprise – utilité en gestion des ressources humaines*, Paris, Vuibert.

BOLTANSKI L. et E. CHIAPELLO, 1999, *Le nouvel esprit du capitalisme*, Paris, Gallimard.

BOLTANSKI L., 1982, *Les cadres – la formation d'un groupe social*, Paris, Les Editions de Minuit.

BOUFFARTIGUE P. (dir.), 2001, *Les cadres : la grande rupture*, Paris, Editions La Découverte, coll. Recherche.

BOUFFARTIGUE P., 2001, *Les cadres – Fin d'une figure sociale*, Paris, La Dispute.

BOUFFARTIGUE P. et S. POCHIC, 2001, « Cadres nomades : mythes et réalités – A propos des recompositions des marchés du travail des cadres », 8ème journée de sociologie du travail, Aix en Provence, juin.

BOURDIEU P., 1998, *La domination masculine*, Paris, Points Seuil, coll. Essais.

BOURNOIS F. et Y-F. LIVIAN, 1997, « Managers, cadres, Leitende Angestellte », *in* LIVIAN Y-F. et T. G. BURGYONNE (éd.), *Middle managers in Europe*, New York, Routledge.

CADIN L., F. PIGEYRE et F. GUERIN, 2002, *Gestion des ressources humaines*, Paris, Dunod.

CARBALLEDA G. et A. GARRIGOU, 2001, « Derrière le stress, un travail sous contrainte », *in* P. BOUFFARTIGUE (dir.), *Les cadres : la grande rupture*, Paris, Editions La Découverte, coll. Recherche.

CERDIN J.-L., 1999, *La mobilité internationale - réussir son expatriation*, Paris, Editions d'Organisation.

CHANLAT J.-F., 1985, Le stress des cadres de direction (I) : mythes et réalités, *Gestion*, vol. 10, n° 4.

CHANLAT J.-F., 1986, Le stress des cadres de direction (II) : les réalités du stress professionnel, *Gestion*, vol. 11, n° 3.

CHANLAT J.-F., 1986, Le stress des cadres de direction féminins : un premier bilan, *Gestion*, vol. 11, n° 4.

CHANLAT J.-F. (dir.), 1990, *L'individu dans l'organisation - les dimensions oubliées*, Québec, P.U.L. et Editions Eska.

CHANLAT J.-F., 1992, Peut-on encore faire carrière?, *Revue Internationale de Gestion*, vol. 17, n° 3, pp. 100-111.

CHANLAT J.-F., 1999, « Nouveaux modes de gestion, stress professionnel et santé au travail », *in* I. Brunstein (dir.), *L'homme à l'échine pliée - réflexions sur le stress professionnel*, Paris, Desclée de Brouwer.

COURPASSON D., 2000, *L'action contrainte - organisations libérales et domination*, Paris, PUF.

DANY F., 1996, « Employabilité et gestion des compétences », *in* F. Bournois *et alii*, *Les enjeux de l'emploi : société, entreprises et individus*, Lyon, PRARSH - CNRS - Centre Jacques Cartier.

DEJOURS C., 1993, *Travail et usure mentale*, Paris, Bayard.

DUBAR C., 1998, *La socialisation*, Paris, Armand Colin.

FALCOZ C., 1998, « Le cas Alcatel-Alsthom », *in* F. Bournois *et alii*, *Préparer les dirigeants de demain*, Paris, Editions d'Organisation.

FALCOZ C. et O. MERIGNAC, 2000, « Le potentiel du cadre candidat à l'expatriation : un élément déterminant des pratiques de gestion du conjoint », Communication au 11ème congrès annuel de l'AGRH, ESCP-EAP.

FALCOZ C., 2001, « Les cadres à haut potentiel ou l'obligation de réussite », *in* P. BOUFFARTIGUE (dir.), *Les cadres : la grande rupture*, Paris, collection Recherche, Editions La Découverte.

FALCOZ C., 2001, La carrière classique existe encore – le cas des cadres à haut potentiel, *Gérer et Comprendre - Annales des Mines*, n° 164, juin.

FALCOZ C., 2002, La gestion des cadres à haut potentiel, *Revue Française de Gestion*, n° 138, juin.

GLEE C., 2001, « Entre le réseau et la toile : intérêt et limites des pratiques individuelles d'orientation dans une entreprise high tech », 12ème congrès de l'AGRH, Liège.

HAREL GIASSON F., 1990, « Femmes gestionnaires – l'actrice et l'organisation », *in* J-F. CHANLAT (dir.), *L'individu dans l'organisation – les dimensions oubliées*, Québec, P.U.L. et Editions Eska.

KARASECK R. et R. THEORELL, 1990, *Healthy work - stress - productivity and the reconstruction of working life*, New York, The Free Press.

LAROCHE H., L. CADIN et C. FALCOZ, 2000, « La construction du manager – recherche sur la fonction managériale et son évolution », Rapport remis à la Chambre de Commerce et d'Industrie de Paris.

LAROCHE H., 2001, « Le manager en action : les jugements et l'attention », *in* Desreumaux A., M. Marchesnay et F. Palpacuer (dir.), *Perspectives en management stratégique*, tome VII, Paris, EMS, pp. 19-42.

LAUFER J. et FOUQUET A., 1997, « Effets de plafonnement de carrière des femmes-cadres et accès des femmes à la décision économique, Groupe HEC », Centre d'Etudes de l'Emploi, Service des Droits des Femmes.

LAUFER J. et A. FOUQUET, 2001, « Les cadres à l'épreuve de la féminisation », *in* P. BOUFFARTIGUE (dir.), *Les cadres : la grande rupture*, Paris, collection Recherche, Editions La Découverte.

Le GOFF J.-P., 1995, *Le mythe de l'entreprise*, Paris, La Découverte.

LIVIAN Y.-F. et T.-G. BURGYONNE (éd.), 1997, *Middle managers in Europe*, New York, Routledge.

LIVIAN Y.-F., C. BARET et C. FALCOZ, 2001, « Le contrôle électronique du travail dans la gestion du personnel au contact direct avec le client », 12ème congrès de l'AGRH, Liège.

LIVIAN Y.-F., 2001, « Une relation d'emploi ordinaire ? », *in* P. BOUFFARTIGUE (dir.), *Les cadres : la grande rupture*, Paris, collection Recherche, Editions La Découverte.

MALLET L., 1993, L'évolution des politiques de promotion interne des cadres, *Revue Française de Gestion*, n° 94.

MARMOT M. et WILKINSON R.G., 2000, *Social determinantion of health*, Oxford University Press.

MICHEL N., 2001, La gestion des hommes-clés, *Revue de Gestion des Ressources Humaines*, n° 39.

PAGES M. *et alii*, 1979, *L'emprise de l'organisation*, Paris, PUF.

PETERS T. J. et R. H. WATERMAN, 1983, *Le prix de l'excellence : les secrets des meilleures entreprises*, Paris, Interéditions.

PICQ T., 1999, *Manager une équipe projet - pilotage, enjeux, performance*, Paris, Dunod.

POCHIC S., 2000, Comment retrouver sa place ? Chômage et vie familiale de cadres masculins, *Travail - Genre et Sociétés*, n° 3, mars.

POCHIC S., 2001, « Chômage des cadres : une déstabilisation ? », *in* P. BOUFFARTIGUE (dir.), *Les cadres : la grande rupture*, Paris, Editions La Découverte, coll. Recherche.

RAY J-E., 2002, *Le droit du travail à l'épreuve des NTIC*, Paris, Editions Liaisons.

SCHEIN V. E., 1994, "Managerial sex typing : persistente and pervasive barrier to women's opportunities", *in* Davidson M.J. et R.J. Burke, *Women in management - current research issues*, Sage.

SPIELMANN M., 1997, *Quel avenir pour les cadres ? – l'encadrement dans l'entreprise de demain*, Paris, l'Harmattan.

SYMONS G., 1990, « Les femmes cadres dans l'univers bureaucratique », *in* J-F. CHANLAT (dir.), *L'individu dans l'organisation - les dimensions oubliées*, Québec, P.U.L. et Editions Eska.

WOLMAN W. et R. COLAMOSCA, 1997, *The Judas Economy - The triumph of capital and the betrayal of work*, New York, Addison - Wesley.

Index

www.ingramcontent.com/pod-product-compliance
Lightning Source LLC
Chambersburg PA
CBHW032330210326
41518CB00041B/1988